자구촌한국인
젊은 그대

| KBS 1TV 리얼 다큐멘터리 |

세계무대를 장악한 대한민국의 자부심

지구촌 한국인
젊은 그대

KBS 1TV 지구촌 한국인 젊은 그대 제작팀 지음

책 세 상

도전은 즐겁다

어느 날 사무실로 한 통의 전화가 걸려왔다. 중동 두바이 최고급 호텔 수석 주방장의 이야기였는데, 30대의 젊은 한국인이 200명에 가까운 세계 각국의 요리사들을 일사불란하게 지휘하며 세계인의 입맛을 사로잡고 있다는 것이었다. 전화를 걸어온 사람은 그곳에서 음식 맛보다 진한 감동과 한국인으로서의 자긍심을 느꼈다고 했다. 나는 이야기를 듣자마자 '바로 이것이다'라는 생각이 들어 자료를 수집하고 기획해 프로그램으로 만들었다.

〈지구촌 한국인 젊은 그대〉는 제목에서도 짐작할 수 있듯이 국경과 문화, 언어의 높은 벽을 뛰어넘어 세계무대에서 마음껏 자신의 꿈을 펼치고 있는 한국인들의 모습을 가감 없이 보여주겠다는 취지로 탄생했다. 그리고 한발 더 나아가, 해외에서 크고 작은 성공을 이루어낸 사람들의 치열한 삶을 조명함으로써 해외 진출을 꿈꾸는 우리 시대 젊은 이들에게 도전의 용기를 북돋는 계기가 되기를 바란다.

전화로 전해 들은 이야기의 주인공, 중동 두바이의 30대 수석 주방
장은 바로 권영민이었다. 취재 중에 그는 말했다. 젊은이들이 활동의
무대를 국내에 한정 짓지 않고 해외로 눈을 돌리면 "세상은 넓고 할 일
은 많다"는 어느 대기업 총수의 말처럼 무궁무진하게 펼쳐진 일들에
가슴 뛰는 경험을 할 수 있을 것이라고. 그리고 한마디 덧붙였다.

"도전은 즐겁습니다."

또 비에 젖은 코트를 몸의 열기로 말리며 자신의 일에 몰두했다는 어
느 주인공은 문병란 시인의 시 〈희망가〉를 거침없이 암송하기도 했다.

얼음장 밑에서도

고기는 헤엄을 치고

눈보라 속에서도

매화는 꽃망울을 튼다.

......

눈 덮인 겨울의 밭고랑에서도

보리는 뿌리를 뻗고

마늘은 빙점에서도

그 매운맛 향기를 지닌다.

......

꿈꾸는 자여, 어둠 속에서

멀리 반짝이는 별빛을 따라

긴 고행길 멈추지 말라.

〈지구촌 한국인 젊은 그대〉에 등장했던 주인공 모두는 이 시 속의 꿈꾸는 자처럼 멀리 반짝이는 별빛을 따라 긴 고행의 길을 간 사람들이다. 눈보라 속에서도 걸음을 멈추지 않고 꾸준히 전진한 결과 마침내 매화처럼 꽃망울을 터뜨린 것이다. 도전이 즐겁기에.

프로그램은 심야 시간 편성(밤 11시 40분~12시 30분)으로 크게 주목받지 못하고 종영되고 말았다. 하지만 아쉬워하는 시청자들의 애끓는 마음을 조금이나마 위로해준 것은 이 주인공들의 이야기를 책으로 펴내겠다는 출판사의 의지였다.

《지구촌 한국인 젊은 그대》는 프로그램에서 다뤘던 내용뿐만 아니라 주인공들의 화려한 성공 뒤에 감춰진 피나는 노력과 인내의 시간을 더욱 상세히 다루고 있다. 행간 곳곳에 배어 있는 주인공들의 땀 냄새를 통해 아직 꿈을 이루지 못한 사람들은 할 수 있다는 의지를, 이미 꿈을 이룬 사람들은 더 큰 꿈을 품을 수 있는 진취적 용기를 얻게 될 것이다.

종영된 프로그램을 책으로 내는 일이 쉽지 않을 텐데도 출판사는 이 일을 즐거운 도전으로 받아들였다. 이 책이 젊은이들에게, 그리고 도전을 꿈꾸는 모든 이에게 하나의 귀감이 될 수만 있다면 더 바랄 게 없겠다.

—〈지구촌 한국인 젊은 그대〉 책임프로듀서 김영묵

차례

꿈

1막

권영민

두바이 버즈알아랍 호텔 수석 주방장

세계의 입맛을
사로잡다

조리복 입은 모습을 당당히 생각하라.

학생이라면 조리복을 입고 등하교하라.

미국의 조리학교 학생들은 조리복을 입고 등하교한다.

칼 통을 옆에 들고. 나는 이 모습이 너무나 보기 좋다.

미국과 한국의 조리사에 대한 인지도는 많은 차이가 있지만

그것을 끌어올리는 것은 우리들의 몫이다.

자신을 가져라.

두 바이의 260여 개 초특급 호텔 중 세계 VIP들이 단연 선호하는 최고의 호텔에서 수석 주방장으로 활약하는 한국인이 있다. 한국 나이 서른일곱의 젊은 남자 권영민. 그는 얼마 전 두바이 페어몬트 호텔의 수석 주방장이었다.

이곳의 11개국 191명의 조리사들은 그의 진두지휘하에 일사불란하게 움직였다. 하루에 서너 차례씩 귀빈 접대 준비로 분주한 시간을 보내는 그는 여느 때와 다름없이 프랑스 대사관에서 초대한 귀한 손님들을 맞을 준비로 바빴다. 그는 손님 접대 준비를 할 때면 언제나 직접 팔을 걷어붙이고 열여덟 개 주방을 일일이 돌아보며 조리 상황을 꼼꼼하게 체크한다. "양고기를 줘봐요", "이렇게 하면 고기가 뻣뻣하잖아요. 버터를 충분히 발라야지", "허브 오일은 어디 있죠? 이것 봐요. 이렇게 뼈가 타버렸으니 이제 이 고기는 손님한테 내놓을 수가 없어요."

권영민은 어느 노회한 주방장보다도 엄격하고 날카로운 시선으로 주방에서 일어나는 모든 일을 살펴보고 냉정하게 지적한다. 하지만 이내 돌아서서는 "괜찮아요"라며 사람들을 다독이기도 한다. 긴장과 웃음을 넘나드는 그의 지휘에 따라 주방은 차츰 안정을 찾아간다.

한국 나이 서른일곱의 이 젊은 남자는 왕들의 도시 두바이에서 가장 바쁜 사람이다. 물론 수석 주방장인 권영민이 직접 팔을 걷어붙이고 요리를 하는 날은 그리 많지 않다. 그가 나서서 하는 요리는 오직 아랍의 왕족이나 세계적으로 인정받는 VIP의 식탁에 올라갈 것들뿐이다. 하지만 최고의 요리를 위해 직접 두바이 재래시장을 뛰어다니고 매일 새로운 요리를 연구하자면 그에게 하루 24시간은 너무 짧고 부족하다. 이렇게 바지런하고 섬세한 그의 손에서 오늘도 세계에서 단 하나뿐인 요리가 태어나는 것이다.

'김치 셰프'에서 '셰프 에드워드 권'으로

권영민이 처음 페어몬트 호텔에 왔을 때 두바이 사람들은 그를 '김치 셰프'라고 불렀다. 비아냥이 다소 섞인 이 말에는 조리장은커녕 한국인 요리사 한 명도 제대로 본 적이 없는 그들의 편견과 냉대가 그대로 담겨 있었다. 그러나 지금은 누구도 그를 '김치 셰프'라고 부르지 않는다. 그는 이제 사람들 사이에서 '셰프 에드워드 권'으로 통한다.

처음엔 모두들 웬 동양인이 오는가 하는 눈치였다. 실제로 동양인이 두바이에서 수석 주방장의 자리에까지 오르기란 쉽지 않기 때문이다. 그 역시 시작부터 적잖은 애를 먹은 것은 당연했다.

이방인, 그것도 동양인이라는 이유로 그에게 싸늘한 시선을 보내던 사람들이 하나 둘 변하기 시작한 것은 순전히 그의 성실함과 뛰어난 실력 덕분이다. 권영민은 아침 일곱 시면 어김없이 출근해 하루의 계획을 세우고 각 조리실을 빠짐없이 돌며 식재료 준비부터 청소 상태까지 하나하나 체크했다. 말 그대로 셰프 에드워드 권의 손이 닿지 않는 곳이 없었다. 수석 주방장이라는 높은 지위에 올랐지만, 그는 요리를 하지 않는 날에도 주방의 물청소를 대신 하고 크고 작은 식재료까지 일일이 체크하는 등 어느 셰프도 하지 않았던 일들을 하기 시작했다.

몸으로 실천하고 보여줄 때 존경과 권위는 저절로 따라온다

사람들에게 몸소 자신의 성실성을 보여준 것이다. 물론 15년 동안 하루에 단 네 시간만 자면서 익힌 그의 빼어난 요리 실력은 당연히 모두의 존경을 받았다. 권영민의 동료이자 페어몬트 호텔의 부조리장인 데이비드 고메스는 페어몬트 호텔에서의 그를 이렇게 평가한다.

"아시아인이 이렇게 높은 직위에 오르는 건 무척 힘든 일이다. 권 주방장은 훌륭한 전문 지식과 창조성, 색다른 아이디어, 뛰어난 테크닉을 갖추고 있다. 새로운 뭔가를 창조해내고 성과를 거두는 혁신적인 정신을 갖고 있다."

지식과 성실함. 이 둘은 양립하기 어려운 것이다. 많이 아는 사람은 그것을 믿고 조금 덜 성실한 면모를 보이기도 하고, 성실한 사람은 자신의 성실성을 내세워 지식을 쌓는 일에 소홀하기도 한다. 하지만 권영민은 이 두 가지 모두를 갖췄다는 것이다. 그는 주변의 이러한 평가에도 여전히 자만하지 않고 성실하게 자신의 일에 몰두하며 더 많은 지식을 습득하기 위해 노력한다. 특히 그는 페어몬트 호텔에서 일하면서 모자를 벗어버렸다. 수석 주방장의 권위를 상징하는 하얀색 모자를 벗고 동료들에게 다가간 것이다. 그에게 권위란 높은 모자를 쓰고 있다고 해서 만들어지는 것이 아니다. 진정한 권위란 사람들이 인정하고 저절로 따라올 때 만들어지는 것이다. 그리고 무엇보다 몸으로 실천하고 보여줄 때 원하지 않아도 존경과 권위를 함께 얻을 수 있다고 믿는다. 권영민은 어떻게 젊은 나이에 이 모든 것을 알게 되었을까? 무엇이 그를 이곳까지 이끌었을까?

신부가 되려던 청년에서 공부하는 요리사로

1990년 초반, 앳된 얼굴의 청년 권영민은 신부가 되기 위해 신학대에 진학하기로 마음먹었다. 그러나 이 꿈은 가족들의 거센 반대에 부딪혀 좌절되고 말았다. 어떻게 살아야 할까 고민하던 차에 그는 문득 당시 아르바이트를 하던 어느 음식점에서 주방장이 했던 말을 떠올렸다.

"너 요리에 소질 있다."

권영민은 이 한 마디가 자신의 인생을 바꿨다고 생각한다. 그는 자신의 선택을 믿고 과감하게 조리과에 가기로 결심하고 영동대에 진학해 학업에 전념했다. 그의 첫 직장은 서울 리츠칼튼 호텔. 군대를 다녀온 후 실습을 받았던 곳이다. 권영민은 실습이 끝나갈 무렵 무작정 졸라 자리를 얻었다. 돈을 받지 않아도 좋으니 일을 하게 해달라고 한 것이다. 그의 열성에 리츠칼튼 호텔 측에서 두 손을 들었다. 결국 함께 실습을 나간 동기 중 그만이 유일하게 서울 리츠칼튼 호텔의 정직원으로 남을 수 있었다. 하지만 그는 여기에 만족하지 않았다.

한국에서는 한 호텔 주방에서 10년 가까이 일해도 조리 과장조차 되기 어려웠다. 더구나 당시 한국에는 능력보다 서열을 중시하는 분위기가 만연했기 때문에 그의 고민은 점차 깊어졌다. 그는 오랜 고민 끝에 오로지 실력으로만 승부해보자고 결심했다. 그리고 1997년 IMF 외환위기가 닥쳐 사람들이 일자리를 지키기도 어려웠던 시절, 그는 요리 외에 하루 두 시간씩 영어 공부에 매달렸다. 이 모습을 지켜본 리츠칼튼 호텔 총주방장 장 폴은 그를 높이 평가해 리츠칼튼 샌프란시스코 호텔에 그를 추천해주었다. 이후 미국으로 건너간 권영민은 호텔에서 하루 열 시간 이상 일하면서도 2년 과정인 미국 요리학교CIA에 등록해 일과 공부를 병행했다.

그는 이 기간 동안 적잖은 회의가 들어 많은 갈등을 겪기도 했다. 이를테면 '내가 왜 여기까지 와서 이 고생을 하는가' 하는 생각이 들었던 것이다. 자동차를 살 돈도 없는데 수입의 70퍼센트 이상을 치즈 등 식재료를 사는 데 쏟아 부으며 꼭 이렇게 살아야 하나 하는 고민에 시달렸다. 하지만 그는 요리가 너무 신나서 포기할 수 없었다. 책에서만 보던 식재료를 모두 만져보고 요리해보는 즐거움이 힘든 타국 생활을

미국으로 건너간 권영민은 2년 만에 조리 차장이 되었고, 2003년 미국 요리사협회 선정 '젊은 요리사 TOP 10'에 뽑혔다

견디게 하는 힘이 되었다.

　그는 이내 갈등을 극복하고 더욱 열심히 일에 매달렸다. 하루 여덟 시간의 정규 근무를 마치고 모두가 퇴근한 뒤에도 그는 여전히 남아 일을 했다. 도합 열여섯 시간. 그저 숫자로 표현하기엔 부족할 만큼 그의 하루는 전쟁처럼 처절하고 치열했다. 그리고 드디어 기회가 찾아왔다. 누구도 흉내 낼 수 없는 그의 노력을 미국 캘리포니아 하프 문 베이 리츠칼튼 호텔 총주방장이었던 프랑스인 자비에 살로몬이 눈여겨보기 시작한 것이다. 3대째 요리사를 하고 있는 자비에는 미국 요리계에서 영향력 있는 5대 인사로 꼽히고, 2002년엔 전 세계 미식가협회에

서 최고 요리사로 뽑히기도 한 대가 중의 대가다.

결국 자비에 살로몬의 지도로, 미국으로 건너갈 당시 세컨드 쿡 second cook이었던 권영민은 3개월 만에 퍼스트 쿡first cook으로 진급했고, 2003년에는 다섯 단계나 뛰어오른 수 셰프sous chef로 특진했다. 조리 차장이 된 것이다. 국내에서는 10년 이상 일해도 해내기 어려운 일을 그는 단 2년 만에 해냈다. 그리고 그해 2003년 미국 요리사협회가 선정하는 '젊은 요리사 TOP 10'에 선정돼 명실상부한 최고 요리사의 반열에 올랐다. 사실 그는 이미 2002년 샌프란시스코에서도 열린 '요리사 경연대회'에서 아시아인 최초로 입상함으로써 요리계의 '떠오르는 해'임을 입증하기도 했다.

너 같은 독종은 처음 봤다

권영민이 젊은 요리사 TOP 10에 뽑혔을 때 그의 스승 자비에 살로몬은 이렇게 말했다.

"프랑스인만 요리하는 줄 알았는데 한 나라를 추가해야겠어, 한국인."

권영민은 특히 한국에 있을 때 요리뿐만 아니라 영어에 목숨을 걸다시피 했다. 언어의 문제를 해결하지 못하면 외국 생활에서 그 어떤 것도 성공할 수 없다고 보았기 때문이다. 미국에 가면 영어를 배울 수 있겠지 하는 생각은 버려야 한다. 한국에서 영어 공부를 전혀 하지 않은 사람이 어떻게 그 많은 일을 하며 영어를 배울 수 있겠는가? 체계적으로 준비하지 않으면 기껏해야 요리 이름이나 재료 이름 몇 마디 익히는 것에 그칠 게 뻔하다. 그는 현지에서 영어를 못하면 바보 취급을 받을 수도 있다는 각오로 영어에 매달렸다.

그는 새벽 시간에 학원으로 직행, 두 시간 동안 영어를 공부하고 호텔에 돌아와서는 틈만 나면 외국인 요리사들과 어울렸다. 그 덕에 '양놈들에게 아부한다'는 음해 아닌 음해를 받기도 했지만 그는 아랑곳하지 않았다. 이때의 영어 공부가 미국에서의 그의 입지를 굳건하게 만들어주었음은 물론이다.

이후 샌프란시스코에서 다시 캘리포니아 하프 문 베이 절벽에 문을 연 리츠칼튼 호텔로 자리를 옮긴 권영민은 더욱 본격적인 요리 수업에 들어갔다. 고단하지만 즐거운 시간이 시작된 것이다. 정해진 근무 시간은 여덟 시간이었지만 그는 여전히 하루 열여섯 시간을 일했다. 책에서만 보던 싱싱한 재료들을 가지고 요리하는 기쁨으로 한 달을 하루같이 시간 가는 줄 모르고 일했다. 그는 현지인들과 자신은 자라온 환경이 다르기 때문에 타국의 모든 것은 새롭고, 또 새롭게 익힐 것들뿐이라는 생각을 가지고 열심히 일했다. 현지인들에게 음식은 편안한 문화였지만 그에게는 배워야 할 학습 대상이었기 때문이다. 그를 특히 힘들게 했던 것은 한국과는 너무 다른 식재료의 한계였다. 치즈만 해도 종류가 150가지가 넘는데 이것을 피부처럼 느낄 수 있어야 했다. 결국 방법은 하나, 일일이 먹어보는 수밖에 없었다.

미국에서 일하던 이 시절 그는 에드워드 권도, 권영민도 아닌 그저

현지인들과는 자라온
환경이 다르기 때문에
모든 것을 새롭게 익히
려 했다

'독종'으로 불렸다. 스승인 자비에 살로몬 역시 그를 두고 "너 같은 독
종은 처음 봤다"라며, 그를 통해 아시아인을 새롭게 인식하게 됐다고
말했다. 한국에서 온 조그만 남자가 먹지도 자지도 않고 일하는 모습
을 보고 혀를 내두르며 붙여준 별명이었다. 스승의 주목을 받았던 것
도 오로지 요리만 생각하는 생활을 이어갔기 때문에 가능했다.

그렇게 독종처럼 지내오던 어느 날, 요리 삼매경에 빠져 있는 그를
물끄러미 바라보던 살로몬은 그에게 직접 요리 시범을 보여주었다. 스
승과의 소중한 인연은 이렇게 시작되었다. 그 후로 권영민은 스승에게
정말 많은 꾸지람을 들었다. 어쩌면 세상에 태어나 가장 많은 욕을 들
었던 시간이었을 것이다. 일례로 그는 여덟 가지가 넘는 사과 중 하나
를 가져오라는 지시를 듣고 나름대로 예쁘고 빨간 사과를 가져갔다가
혼이 난 적도 있다. 문화가 다르니 요리에서 쓰는 사과 역시 달랐던 것
이다. 그때 태어나 처음으로 '바보'라는 소리를 들었다.

그는 실제로 이 '바보' 소리를 들을까 무서워 외국 생활 초창기에는 입 한 번 떼지 못했다. 남들이 벙어리로 알 정도였다. 그래서 더 실력을 키우는 데 매달렸다. 입 한 번 떼지 않고도 많은 사람의 입을 떡 벌어지게 할 수 있는 것은 오로지 실력뿐이었다. 결국 권영민은 노력과 실력으로 대가의 눈에 띌 수 있었고 그의 수제자로서 일할 수 있는 기회까지 얻은 것이다.

유난히 혹독했던 스승 자비에 살로몬은 한편으로 그에게 많은 기회를 주려고 애썼다. 뉴욕에 새로운 식당이 문을 열면 직접 뉴욕으로 날아가 음식들을 맛보고 연구해볼 수 있도록 권영민을 여러 번 배려해주었다. 또 미국 최고의 레스토랑인 '프렌치 라운드리'에 그를 추천해 파견근무를 해볼 수 있는 특전을 주기도 했다.

권영민이 일했던 캘리포니아 하프 문 베이의 리츠칼튼 호텔은 그가 할리우드의 대형 스타들을 만나고 그들과 인연을 맺을 수 있었던 곳이기도 하다. 그는 여기서 골프 황제 타이거 우즈, 테니스 요정 마리아 샤라포바, 조지 부시 1세 대통령, 아널드 슈워제네거 캘리포니아 주지사뿐만 아니라 수많은 할리우드 스타들까지 자신의 고객으로 만들었다. 어느 날 리츠칼튼 호텔을 찾은 팝 가수 마돈나는 그의 음식을 먹어보고 이렇게 말하기도 했다.

"당신의 요리가 섹스보다 좋군요."

마돈나의 이 말은 이후 그의 요리를 평가할 때 많은 이들이 인용하는 말이 되었다. 팝 가수 바브라 스트라이샌드가 그를 찾아와 "내 개인 요리사가 돼줄 수 있어요?"라고 부탁한 일 역시 셰프 에드워드 권을 이야기할 때 빠지지 않는 일화다.

　권영민은 그 후 중국을 거쳐 지금의 두바이에 자리를 잡았다. 처음 두바이 페어몬트 호텔로 와 일했던 그는 2007년 5월 두바이 최고의 호텔인 버즈알아랍 호텔로 자리를 옮겨 수석 주방장으로 일하고 있다.

0.01퍼센트의 맛을 찾아라

　아랍에미리트 두바이 공항에서 20킬로미터 정도 떨어진 해안가에 있는 버즈알아랍 호텔은 그야말로 초특급이다. 원래 호텔에 붙는 별은 다섯 개가 최고지만 사람들은 이 호텔을 7성급 호텔로 부른다. 버즈알아랍 호텔은 돛단배 모양의 외양에 내부 장식의 상당 부분은 금으로 장식되어 있다. 그 덕에 가장 비싼 방 하루 숙박비는 우리 돈으로 3,500만 원을 호가한다. 단순히 호텔 내부를 구경하는 데만도 7만 5,000원 상당의 입장료를 내야 하니 7성급 호텔의 위용이 어느 정도인지 짐작할 수 있다. 바로 이곳에서 그는 460명의 조리사와 600여 명의 주방 인원을 책임지는 수석 주방장으로 일하고 있다. 다시 새겨보지만 그는 이제 서른일곱, 불혹도 넘기지 않은 젊은 나이다. 실로 신화처럼 온 세상에 자기의 존재를 드러내고 있지만 이런 그에게도 어려움은 언제나 뒤따른다. 그것은 바로 태생적 한계일 수밖에 없는 문화적 차이다.

　한국에서 외국인이 김치를 만들었을 때를 생각해보면 이해하기 쉽

'접시에 논리를 담는다' 는 생각으로 요리를 한다

다. 비슷한 맛을 낼 수 있을지 몰라도 아주 미세한 맛에서는 차이가 날 수밖에 없다. 권영민 역시 그 작고 미묘한 차이를 극복하기 위해 노력한다. 그는 99.9퍼센트의 맛을 내는 최고의 요리사라도 0.01퍼센트의 차이를 만드는 그 나라만의 맛을 알지 못하면 진정한 요리사가 될 수 없다고 생각한다. 그래서 권영민은 틈만 나면 두바이의 재래시장을 찾아다닌다. 각종 소스와 향신료 등, 두바이만의 맛을 알기 위해서다. 최고의 자리에 있지만 그는 여전히 주방의 물일을 같이 하고 하루가 멀다 하고 시장을 뒤진다. 아무리 높이 올라도 더 높은 산이 저기 있고, 도전해야 할 세상은 끝없이 펼쳐져 있기 때문이다.

권영민은 '최고가 되기보다는 최선을 다하자'를 자신의 좌우명으로 삼고 있다. 그리고 자신의 일을 즐기고 끊임없이 도전하는 자세야말로 행복한 삶을 이루는 길이라고 믿는다. 그는 무슨 일을 하든 최선을 기울이는 것, 열심히 사는 것만큼 강한 무기는 없다고 생각한다. 권영민이 0.01퍼센트의 다른 맛을 찾기 위해 이른 아침 재래시장을 찾아다니는 것도, 늦은 밤까지 요리 개발에 몰두하는 것도 '최선을 다하자'는 자신과의 약속을 지키기 위해서다. 자신이 사랑하는 요리를 마음껏 만들고 새로운 맛과 요리에 도전하는 매 순간이 즐겁다는 그는 어쩌면 성공보다 더 값진 행복을 누리고 있는지도 모른다.

0.01퍼센트의 다른 맛을 찾기 위해 이른 아침 재래시장을 찾는다

조리복 입은 모습을 당당히 생각하라

그는 자신처럼 더 넓은 세상을 꿈꾸는 후배 요리사들이 알아야 할 중요한 조건으로 전 세계인이 인정하는 보편적인 맛을 깨우치는 것을 꼽는다. 이를 위해서는 많은 곳을 다니며 여러 나라의 음식을 접해보거나 책을 통해서라도 국제적 감각을 익히는 것이 필수다. 사실 한국에서 선보이고 있는 서양 요리들은 대체로 한국인이 원하는 맛을 가미한 것이기 때문에 마늘 맛이 많이 나고 약간 단맛이 나는 특징이 있다. 하지만 이런 한국화된 맛으로는 세계의 입맛을 잡을 수 없다. 더욱 보편적인, 세계 속에 일반화된 맛을 먼저 찾고 난 후 자신만의 맛을 찾아

야 한다는 것이다.

또 하나, 요리를 하는 사람들이 가장 염두에 두어야 할 것은 남을 인정하는 것이다. 모두가 그런 것은 아니지만 한국의 요리사들은 다른 사람의 음식을 잘 먹지 않는 경향이 있는데 이러한 태도는 발전으로 이어질 수 없다. 적극적으로 다른 사람의 요리를 먹어보고 비교해보고 또 인정해야만 진짜 발전을 이룰 수 있는 것이다.

권영민은 해외 진출을 꿈꾸는 후배들이 이곳을 막연한 동경의 대상으로 생각하지 않기를 바란다. 많은 사람들이 화려한 외관 때문인지 호텔 생활에 대해 쉽게 환상을 품기 때문이다. 오히려 그는 세상 어느 곳보다 가혹하고 치열한 곳이 호텔의 주방이라고 생각한다. 다른 사람이 식사할 시간에 요리를 준비해야 하고, 하루 열여섯 시간 이상을 서서 일해야 하는 곳이 호텔의 주방이다. 웬만한 체력으로는 버틸 수가 없고 언어의 장벽 외에 은근한 텃세까지 있어 그 현실이 만만치 않다.

이것을 극복할 수 있는 것은 오직 자신의 실력뿐이다. 남다른 노력이 아니면 타국에서 인정받기 어렵다. 권영민은 남들 잘 때 같이 자고 남들 일할 때 같이 일하면 실력은 향상되지 않는다고 말한다. 자신이 꿈꾸는 남다른 성취감도 맛볼 수 없는 것이다.

이와 함께 권영민은 언제나 긍정적으로 사고하라는 당부도 잊지 않는다. 가장 중요한 것은 웃음을 잃지 않는 것이다. 웃음은 긍정적인 사고를 이끌어내고, 긍정적인 이미지는 사람을 편안하게 아우를 수 있는 힘을 준다. 스스로 경계를 허물고 사람에게 먼저 다가서려는 노력이 중요하다. 낯선 타국에서 김치 냄새를 풍기는 한국 사람이 온전한 요리사로 평가받기 위해서는 요리를 대하듯 사람을 대하고, 꾸준하고 성실한 자세로 자신의 실력을 키워나가 사람의 마음을 얻어야 한다.

그러나 이 많은 노력에 앞서 권영민은 요리사를 꿈꾸는 후배들이 먼저 자신의 일에 긍지와 자부심을 갖길 바란다. 몇 년 전 샌프란시스코에서 생활할 당시 그는 자신의 인터넷 블로그에 이렇게 적어놓았다.

조리복 입은 모습을 당당히 생각하라. 학생이라면 조리복을 입고 등하교하라. 미국의 조리학교 학생들은 조리복을 입고 등하교한다. 칼 통을 옆에 들고. 나는 이 모습이 너무나 보기 좋다. 미국과 한국의 조리사에 대한 인지도는 많은 차이가 있지만 그것을 끌어올리는 것은 우리들의 몫이다. 자신을 가져라.

예술이 되는 요리를 위한 나만의 논리

권영민은 요리야말로 패션, 디자인, 음악, 미술, 건축을 아우르는 종합 예술이라는 신념을 갖고 있다. 어느 접시를 사용할지, 접시에 어떻게 요리를 놓을 것인지, 어느 색을 배합하여 요리를 살릴 것인지, 요리를 서브하는 식당의 분위기와 음악은 어떤지 등을 모두 고려하기 때문이다. 그래서 그는 주부들이 보는 생활지부터 각종 패션 잡지에 이르기까지 시대의 유행을 읽을 수 있을 만한 모든 것을 찾아본다. '요리는 예술'이기 때문이다. 그리고 이 예술이 되는 요리를 위해 자신만의 논

요리사는 다른 무엇보다 자신의 일에 긍지와 자부심을 가져야 한다

리를 세웠다.

　실제로 그는 '접시에 논리를 담는다'는 생각으로 요리를 한다. 만약 고객이 "왜 나에게 이 요리를 만들어줬나요?"라고 묻는다면 "그냥 맛있어서요"라고 대답할 수는 없기 때문이다. 다시 말해 자신이 왜 그 요리를 준비했는지에 대한 충분한 이유가 있어야 한다는 것이다. 그래서 그는 끊임없이 '왜'를 생각한다. 내가 왜 지금 이 요리를 할까, 왜 이시간엔 이 요리가 필요한가, 왜 이 사람에게는 이것을 대접해야 할까 등을 말이다. 수십 종류의 고기 부위 중 왜 그 부위를 선택했는지, 빨간 토마토를 쓰지 않고 왜 노란 토마토를 써야 했는지, 왜 찌지 않고 구워야 했는지 등 요리법 하나부터 고객에 대한 연구까지 그의 자문자답은 계속된다.

그는 이제 한국의 요리를 세계에 알리는 일을 좀 더 구체적으로 고민하려고 한다. 특히 앞으로 만들어질 버즈알아랍 호텔의 아시안 식당에서 더 많은 실험과 모험을 시도해볼 계획이다. 또 영국의 요리연구가 제이미 올리버와 같은 엔터테이너로서 편안한 요리 쇼를 진행해보고 싶은 꿈도 가지고 있다. 뿐만 아니라 언젠가는 한국에 돌아와 자신의 이름을 건 레스토랑과 학교를 운영해보겠다는 포부도 있다.

남들이 5를 생각할 때 7에 도전하고, 남들이 7을 바랄 때 10을 꿈꾸는 요리사 권영민. 끊임없이 '왜'를 외치는 그답게 그의 꿈도 계속해서 진화한다. 그리고 '의미 있는 요리, 논리가 담긴 요리'를 위해 오늘도 다시 서점을 찾는다.

두바이를 호령하는 최고 요리사 권영민. 뜻을 세우기 위해 갈등하고 수없이 좌절해본 많은 이들이 그의 이야기에 묻어둔 꿈을 꺼내 다시 펼쳐볼 것이다. 그리고 도전할 것이다. 이렇게 그는 한국의 젊은이들에게 하나의 신화가 되어가고 있다.

권영민 이메일 edchef@gmail.com

윤경신

세계 최고의 공격수

독일 핸드볼의
살아 있는 전설

많은 사람들이 핸드볼을 비인기 종목이라고 생각한다.

하지만 나에게 핸드볼은 언제나 최고의 스포츠다.

핸드볼이 인기 종목으로 부상하는 것보다

내가 더 간절히 바라는 것이 있다.

핸드볼을 사랑하는 우리나라의 어린 학생들이

근심 걱정 없이 운동할 수 있는 여건이 조성되는 것이다.

나는 꿈을 이루기 위해 독일에 갔고

희망을 찾기 위해 국내 복귀를 결심했다.

서울 한복판에서 리포터가 길을 가는 사람들을 붙잡고 질문을 던
진다. "스포츠 선수 중 누구를 가장 좋아하십니까?" 사람들은
저마다 자신이 선호하는 선수의 이름을 외친다. "베컴이요", "앙리요",
"김연아요", "이승엽이요". 그렇다면 마이크를 잠시 독일로 옮겨보자.
똑같은 질문을 독일 사람들에게 던진다. "어떤 스포츠 선수를 좋아하
십니까?" 돌아오는 대답은 "닉!" 리포터가 잠시 고개를 갸웃거리다
다시 한번 묻는다. "닉? 그가 누구죠?" 사람들은 대답한다.

"윤경신, 프롬 서울!"

독일인들은 이렇게 자신이 좋아하는 스포츠 선수 중 하나로 서슴없
이 윤경신을 꼽는다. 한국인인 그가 어떻게 많은 독일인들의 뇌리에
자신의 이름을 각인시킬 수 있었을까.

1990년 최연소 핸드볼 국가대표 선수, 1995년 세계선수권 대회 득
점왕, 2002년 8월 세계 핸드볼 연맹이 선정한 최우수 선수, 2005~
2006년 분데스리가 시즌 통산 2,481점이라는 경이로운 대기록의 주인
공. 세계 최정상이라는 독일의 핸드볼 분데스리가에서 총 여덟 번의
득점왕 자리를 차지하고 분데스리가 역사상 최다 골 기록을 보유한 선
수. 그에 대한 기록을 보고 있으면 '살아 있는 전설'이라는 말을 실감
하게 된다.

203센티미터의 거구로 시속 120킬로미터의 속사포를 쏘아대는 코
트 위의 골리앗 윤경신. 신체적 조건도 이미 상상을 초월하지만 그가
독일 생활 12년 동안 이뤄놓은 업적은 한국은 물론 독일 내에서도 쉽
게 찾아볼 수 없는 대기록의 행진이다. 물설고 낯선 땅 독일. 내 나라

도 아닌 남의 나라에서 그는 어떻게 오늘의 신화를 만들어냈을까.

최연소 핸드볼 국가대표 선수

1980년 후반 어느 날. 전지훈련을 마치고 집으로 돌아온 윤경신은 거울을 보고 깜짝 놀랐다.

"어, 왜 거울이 낮아졌지?"

2주간의 훈련을 마치고 돌아온 어린 중학생 아들을 보고 더 놀란 것은 그의 가족이었다.

"아니, 너 키가 어떻게 된 거니? 그새 키가 자랐니?"

어머니도 형제들도 모두 놀랐다. 단 14일의 훈련 기간 동안 그의 키는 무려 10센티미터나 자라 있었다. 놀라운 성장 속도는 세계를 사로잡을 핸드볼 선수로 거듭날 그의 화려한 미래를 알리는 신호탄에 불과했다. 성장 속도보다 더 놀라운 것은 하루가 다르게 늘어가는 그의 기량이었다. 고려고등학교 재학 시절 이미 그는 큰 키에만 의존하지 않는 국가대표급의 기량을 갖추고 있었고 더불어 한국 핸드볼계는 무서운 속도로 성장하는 골리앗에게 큰 기대를 걸었다. 최연소 핸드볼 국가대표 선수로 선발된 것도 바로 이 시기였다.

코트를 종횡무진 누비며 한국 핸드볼의 기둥으로 떠오른 윤경신에게 상복이 뒤따르는 것은 당연했다. 국가대표로 뽑혔던 1990년 북경 아시안게임 금메달 획득, 1994년 히로시마 아시안게임 금메달 획득과

시속 120킬로미터의 속사포를 쏘는 코트 위의 골리앗 윤경신

득점왕 선정, 1995~1997년 연이어 세계 선수권 대회 득점왕 선정,
1998년 방콕 아시안게임 금메달 획득, 2002년 부산 아시안게임 금메
달 획득, 그리고 같은 해 국제 핸드볼 연맹 '올해의 선수상' 수상,
2004년 아테네 올림픽 득점왕 선발. 이외에도 모두 옮기기에 숨이 찰
만큼 많은 기록들이 연이어 쏟아졌다.

팬들이 있는 곳에서 뛰고 싶다

소위 한창 주가가 오르고 있던 와중에 윤경신은 돌연 한국을 떠난

팬들이 있는 곳을 찾아 독일행을 감행했다

다. 1996년, 대학을 졸업하고 실업팀으로 옮기는 문제에 대해 고민하던 시기였다. 마침 그의 활약을 눈여겨보고 있던 독일 '굼머스바흐' 가 그에게 스카우트 제의를 해왔다. 그는 잠시 망설였다.

'그냥 이대로 한국에 머무르며 선수 생활을 하다가 순탄히 지도자의 길을 걷는 게 좋지 않을까? 남의 땅에서 그것도 말도 통하지 않는 곳에서 내가 과연 잘 해낼 수 있을까?'

윤경신은 선택의 기로에 서서 고민에 고민을 거듭했다. 시간이 지나고 이런 그의 고민을 멈추게 한 것이 있었으니 그것은 바로 '팬들이 있는 곳에서 뛰고 싶다' 는 그의 신념이었다. 한국에서 핸드볼은 당시는 물론 지금도 여전히 '한데볼' 이라는 눈물 어린 별칭과 비인기 종목이라는 설움을 지니고 있는 스포츠다. 하지만 돌이켜 보면 올림픽을 비롯한 각종 국가 대항 경기에서 핸드볼만 한 효자 종목은 없다. 세계대회에서 연이어 여섯 차례에 걸쳐 금메달을 따낸다는 것은 거의 기적에 가까운 일이다. 그럼에도 핸드볼은 좀처럼 한국 사람들의 큰 관심을 끌지 못했다. 당시에도 핸드볼은 올림픽 예선전이 치러지는 시기에 반짝 관심을 받았다가 올림픽이 끝나면 언제 그랬느냐는 듯 다시 관심 밖으로 밀려나곤 했다. 선수들은 갈 곳이 없어 거리를 헤매야 하는 악순환이 이어지고 있었다.

그러나 윤경신은 끊임없이 뛰고 싶었다. 수천수만의 팬들이 지켜보는 앞에서 멋지게 강슛을 날리고 그들의 연호로 더 큰 힘을 얻는 진짜 프로로 살고 싶었다. 그가 축구 이상으로 핸드볼에 열광적 성원을 보내고 있는 독일의 팬들을 찾아가기로 결심한 것도 이런 이유에서다. 그리고 마침내 1996년, 그는 독일행을 감행했다.

그가 속한 굼머스바흐 팀은 당시 1부 리그에 발을 겨우 걸쳐놓은 약체 팀으로 분류돼 있었다. 이곳에서 그가 부딪힌 첫 번째 벽은 의사소통 문제였다. 말이 통하지 않아 많은 어려움이 뒤따랐다. 하지만 이 시기에 빠른 속도로 적응하지 못한다면 눈 깜짝할 사이에 도태당할 위험이 도사리고 있었다. 같은 유럽도 아닌 동양의 선수, 눈에 띄는 프로팀 하나 없는 한국이라는 나라에서 왔다는 이유 등으로 즐겁지 않은 주목을 받아야 하는 일도 종종 있었다. 보이지 않는 은근한 차별과 멸시의 눈빛을 그는 그저 순순히 웃는 모습으로 참고 견뎌냈다. 그리고 그들 속에 뿌리 내리는 방법의 하나로 그저 코트를 뛰고 또 뛰는 일을 선택

윤경신의 별칭 '닉'에는 의사소통이 안 되어 마냥 고개를 끄덕일 수밖에 없었던 비애가 담겨 있다

했다.

그의 별칭인 닉은 이 당시 얻게 된 것이다. nick은 독일어 nicken에서 온 말로 '고개를 끄덕이다' 라는 뜻이다. 이 이름은 굼머스바흐 감독 하이너 브린드(현 독일 대표팀 감독)가 항상 '고개를 끄덕이는 것' 으로 의사소통을 대신해야 했던 윤경신을 두고 지은 별명이다. 후일에는 항상 겸손한 자세로 고개를 끄덕인다고 해 아예 그의 이름으로 자리 잡기도 했다. 하지만 이 이름의 다른 한쪽에는 몇 마디의 영어 외에는 남의 땅에서 아무것도 알아들을 수 없었던 한 선수가 무조건 고개를 끄덕이는 것으로 자신을 표현할 수밖에 없었던 비애가 담겨 있다.

잘했어, 윤경신

사실 윤경신은 큰 체구에서 풍기는 인상과는 다르게 독일에 첫발을 내딛는 순간부터 몰려든 온갖 두려움으로 힘든 나날을 보내야 했다. 무엇보다 스포츠 선수로서 서양인과 동양인의 체력 차이를 극복해야 하는 시급한 과제를 안고 있었다. 이 때문에 팀 훈련이 끝나도 곧장 집으로 돌아갈 수 없었다. 혼자 남아 체력을 다질 수 있는 개인 훈련을 보강해야 했기 때문이다. 그리고 집으로 돌아와서는 독일어 공부에 매달렸다. 졸린 눈을 비벼가며 공부하다 보면 새벽녘에나 겨우 잠을 잘 수 있었다. 그는 하루를 48시간처럼 사용했다. 내성적인 그의 성격 탓에 언어를 익히는 데 다른 독일인 친구의 도움은 받지 못했기 때문에 순전히 자신의 노력에 의존할 수밖에 없었다. 남들과 어울리지 못하고 철저히 혼자서 책과 씨름하며 남의 나라 말을 익혀야 했던 것이다.

이렇게 전쟁 같은 날들이 이어졌지만 그는 결코 자신에 대한 믿음을 버리지 않았다. 처절했지만 그 처절한 생활을 잘 견디고 있는 자신을 스스로 끊임없이 독려하고 칭찬했던 날들이기도 했다. 오늘날 그는 지난날을 돌이켜 보며 사람에게는 자기 자신을 스스로 고무하고 격려하는 일이 매우 중요하다고 느낀다. 누군가 자신을 칭찬해주기를 바라기 전에 '잘했어, 윤경신. 그렇게 하는 거야'라고 스스로 계속해서 속삭일 수 있는 자기애가 있어야 한다. 이 자기애는 어떤 어려움도 이겨낼 수 있는 훌륭한 무기다.

윤경신은 스스로에 대한 채찍질과 격려를 게을리 하지 않고 이후 눈부신 기록을 세우며 두각을 나타내기 시작했다. 그리고 그의 이러한 활약은 독일 핸드볼계에서 굼머스바흐의 위치를 격상시키는 데까지 영향을 미쳤다. 실제로 굼머스바흐는 윤경신의 영입 이후 리그 3위라는 성적을 올리며 승승장구하게 되었고, 이 팀에 소속된 10년의 세월 동안 윤경신은 득점왕을 일곱 번이나 거머쥐며 분데스리가 사상 유례가 없는 대기록을 세운다. 특히 2000~2001년 시즌 그가 기록한 324골의 득점 기록은 단일 시즌 최다 득점 기록이면서 아직까지도 유일한 시즌 300골 이상의 기록으로 남아 있다. 더구나 이 골들은 질적인 면에서도 패널티 스로 등이 매우 적은 것으로, 윤경신은 경기당 여덟 골에 가까운 득점을 기록한 것이다.

무엇보다 그의 이러한 기록이 독일 언론에 연일 대서특필되었던 이유는 뒤를 잇는 다른 선수들과의 확연한 차이 때문이기도 하다. 실제로 통산 2,660골을 기록해 득점왕 2위에 오른 독일의 요헨 프라츠나 3위의 라스 크리스티안센 등은 경기당 6점대 초반의 득점률을 기록해 윤경신을 따라잡기에는 많은 격차를 보였다. 또 프라츠와 크리스티안센 등이 사신의 통산 득섬 중 각각 860골과 946골을 패널티 스로로 성공시킨 데 반해 윤경신은 패널티 스로 득점이 550개밖에 안 돼 순도 면에서도 윤경신이 단연 앞선다. 뿐만 아니라 1997~2002년까지 득점왕 6연패를 차지한 것은 독일 핸드볼 사상 윤경신이 유일하며, 이후 함부르크 SV로 옮긴 후에도 또 한 번의 득점왕을 기록, 통산 여덟 번의 득점왕 타이틀을 얻었다. 이는 세계 핸드볼 역사를 통틀어서도 흔치 않은 일로, 그는 이 부문에서 거의 독보적인 기록을 보유하고 있는 것

"잘했어, 윤경신. 그렇게 하는 거야." 스스로 격려할 수 있는 자기애는 가장 훌륭한 무기다

이다.

윤경신을 제외하고 득점왕을 가장 많이 차지한 선수는 1980년대 중반 활약했던 예르지 클렘펠이라는 선수로, 그는 3연패를 기록하는 데그쳤다. 이 같은 사실에 비춰볼 때 결국 득점에 관한 분데스리가의 거의 모든 기록은 한국인 윤경신에 의해 완전히 새로 씌었다고 해도 과언이 아닐 것이다.

독일인들에게 영웅이라 불리는 사나이

지난 2007년 3월 독일 최대의 유력 일간지 〈빌트〉는 개인 통산 2,662골을 넣은 윤경신을 두고 이렇게 말했다.

"윤은 Korea가 아니라 Torea에서 왔다."

독일어로 Tor는 '골(득점)'이라는 뜻이다. 한국이 아니라 '골의 나라'에서 왔다는 이 극찬은 그가 득점왕 8연패를 달성하며 2007년을 마무리하면서 너욱 빛이 났다. 하지만 그는 이런 대대적인 칭찬 앞에서 이렇게 말했다.

"기록은 동료들의 공이기도 하다."

이 말은 그가 독일 핸드볼의 역사에 뛰어들며 어떤 생각과 자세를 가졌는가를 여실히 보여준다.

굼머스바흐 생활이 어느 정도 안정을 찾아갈 무렵 그는 큰 위기를 맞는다. 팀이 해체된다는 것이었다. 이제 막 시작하는 그로서는 너무

독일인들은 그를 영웅이라고 부른다

도 큰 충격이었고 무엇을 선택해야 할지 모르는 막막한 상황이었다. 그러나 윤경신은 이 혼란 속에서 과감히 '팀을 살리자'는 각오를 다졌다. 한 명의 선수가, 그것도 멀고 먼 동양 타국에서 온 선수가 팀을 살리기 위해 자신의 모든 것을 내던지기로 결심한 것이다. 이 시기에 그는 실제로 자신의 집과 자동차를 모두 차압당하기도 했다. 하지만 여기에 굴하지 않고 그는 뚜벅뚜벅 걸어서 각종 후원 단체와 기업들을 찾아다니고 시의 지원을 호소하고 사람들에게 굼머스바흐를 살려달라고 애원하는 일을 마다하지 않았다.

이러한 노력으로 굼머스바흐는 다시 살아났다. 그리고 이 일을 계기로 굼머스바흐의 시민들은 이제 더 이상 윤경신을 남으로 보지 않고 자신들의 '닉'으로 부르기 시작했다. 심지어 굼머스바흐 시민들은 그를 두고 이렇게까지 말한다.

"seoul(서울)에서 온 사람들은 soul(영혼)이 훌륭한 것 같다."

굼머스바흐 시민들은 지금도 윤경신을 응원한다

지난 2006년, 10년간 몸담았던 굼머스바흐를 떠나는 그를 위해 시민들은 대대적인 환송 행사를 펼쳤다. 행사가 마련된 토리노 경기장엔 무려 2만여 명의 시민들이 모여 "Danke, Yoon(고마워요, 윤)"을 외쳤다. 그리고 이렇게 말했다.

"우리는 10년 동안 굼머스바흐를 위해 뛰어준 윤경신 선수에게 감사하다고 말하고 싶습니다."

"닉, 그간 굼머스바흐에서 보여준 탁월한 시합에 감사드려요. 앞으로 좋은 선수로 무궁무진하게 발전하시길 바랍니다."

"윤경신 선수가 떠나는 게 슬프지만 앞날에 좋은 일만 있기를 바랍니다."

1997~2002년, 윤경신은 6년 연속 득점왕이라는 초유의 기록을 세운다

2부 리그로 전락할 뻔했던 팀을 리그 3위의 강팀으로 만들고, 거기에 더해 그 이름을 영영 잃을 뻔했던 팀을 다시 살려낸 그를 두고 사람들은 감사함을 넘어 눈물로 깊은 사랑의 메시지를 보냈다. 그리고 윤경신을 영원히 응원하고 기억하겠다고 약속했다.

독일을 대표하는 유명 선수들의 물품이 전시된 쾰른 올림픽 박물관에는 유일한 동양인 윤경신의 라커가 있다. 친필 사인이 된 그의 유니폼과 공이 함께 전시된 그의 라커에는 윤경신이 남긴 말이 적혀 있다.

제일 중요한 건 제 삶이잖아요. 그게 최우선이죠. 그 다음이 운동이고 돈은 그 다음에야 올 문제죠.

이것이 만인의 사랑을 받는 서울 출신 윤경신 선수의 구호다.

왕의 귀환

굼머스바흐의 팬들은 핸드볼 경기가 열릴 때면 쾰른의 아레나 경기장에 윤경신의 얼굴이 들어간 대형 현수막을 설치해놓을 정도로 열렬히 그를 응원했다. 굼머스바흐의 시민들은 그를 가리켜 서슴없이 '제왕'이라 부르고, 어느 핸드볼 팀의 감독은 "그의 동상이 세워지지 않은 것이 이상하다"고 말할 정도이니 독일에서 그는 가히 '살아 있는 전설' 그 자체라고 할 만하다. 심지어 시민들은 그를 두고 '존경한다'라는 표현을 쓰기도 한다. 한 명의 운동선수에게, 그것도 한국이라는 동양의 작은 나라에서 온 선수에게 그들은 자신들이 쓸 수 있는 최고의 표현을 아끼지 않는 것이다.

이후 함부르크로 옮긴 뒤에도 윤경신의 신화는 계속됐다. 그의 나이 서른셋. 운동선수로서는 너무 많은 나이라는 통념을 깨고 그는 이곳에서도 이적 4개월 만에 팀의 간판으로 떠올랐다. 뿐만 아니라 2007년 시즌에선 최강 클럽인 THW 킬을 상대로 한 원정 경기에서 종료 1초 전 역전골을 넣으며 팀을 승리로 이끌기도 했다. 이 경기는 특히 굼머스바흐 시절을 포함해 그가 원정 경기에서 킬을 상대로 거둔 최초의 승리였기에 더 의미가 컸다.

처음 독일로 오던 당시 그저 몇 년간 선수로 뛰고 후에 스포츠 마케

윤경신은 운동선수이기 전에 따
뜻한 가족애를 가진 인간이다

팅을 공부하고자 계획했던 그는 어느새 12년의 세월을 보내고 서른네
살 역전 노장의 이름으로 떠올랐다. 모두가 윤경신이 2007년을 마지
막으로 선수 생활을 은퇴할 것이라 예상했지만 그는 또 다른 목표를
향해 힘찬 비상을 시작했다. 그가 다시 한국으로 돌아온 것이다.

　윤경신은 2008년 베이징 올림픽을 앞두고 한국 남자 핸드볼 팀을
승리로 이끌기 위해 국가대표 팀에 합류했다. 쿠웨이트와의 예선전에
서 요르단 감독의 어이없는 편파 판정으로 패배의 쓴맛을 보았지만 다
행히 다시 치러진 재경기에서 한국 국가대표 팀의 승리를 견인하며 화
려한 부활을 알렸다. 그는 부정으로 얼룩진 핸드볼 편파 판정에 분개
하며 한국 핸드볼의 위상을 높이고 한국 핸드볼 중흥을 위해 힘쓰리라
다짐하고 있다. 그리고 그 과정의 일환으로 2008년 7월부터 국내 실업
팀 두산에서 선수 생활을 이어가기로 결정했다.

　독일 생활 중 무엇이 가장 힘들었냐는 질문에 윤경신은 "나보다 아내
가 더 힘들었고 그 아내를 보는 것이 가장 힘든 일이었다"고 말했다. 이

제 두 돌을 앞두고 있는 아들과 아내에 대한 그의 사랑은 이미 정평이 나 있을 정도다. 그의 이러한 가족애를 통해 성공한 운동선수이기 전에 하나의 성숙한 인간으로서 윤경신의 겸손하고 따뜻한 면모를 엿볼 수 있다.

자기를 사랑하고 가족을 사랑하고 그리고 핸드볼을 사랑하는 윤경신. 그는 무수히 쏟아지는 플래시 속에서도 자만하지 않고, 험난했던 시절을 슬퍼하지 않고, 자신의 공을 팀 전체에 겸손하게 돌릴 줄 아는 진정한 스포츠맨이다. 핸드볼의 살아 있는 전설 윤경신, 앞으로 그의 멋진 활약을 기대한다.

윤경신 미니홈피 www.cyworld.com/yoon7377
팬카페 cafe.daum.net/Torudtls

한유정

할리우드 최초의 한국인 미술 총감독

할리우드는 나의 무대

할리우드는 겉보기에 그저 꿈과 희망으로 가득 찬

화려한 무대처럼 비춰지지만

그 실상은 치열한 전쟁터를 방불케 한다.

하지만 항상 나를 긴장하게 하고

나태해지지 않게 잡아주는 할리우드의 전쟁터가

내 삶의 원동력이다.

세계 최고의 영화 공장이라고 할 수 있는 미국 할리우드에는 다양한 직종의 사람들이 각자의 기량을 뽐내며 하루하루 전쟁 같은 날들을 보내고 있다. 이 진검 승부의 현장에서 감독과 배우는 물론이고 분장에서부터 조명, 미술 분야에 이르기까지 세계 최고를 자부하는 사람들이 자신의 이름 석 자를 걸고 별들의 나라를 화려하게 수놓고 있다. 이 가운데 미술 총감독(프로덕션 디자이너)은 작은 소품 배치에서부터 세트 제작까지 카메라에 담기는 모든 공간을 연출하는 영화 제작 전문가로, 현재 할리우드에서 활동하는 미술 총감독 중 동양인은 100명에 한 명이 채 되지 않는다. 그나마 영어가 제2외국어인 외국인 출신의 동양인은 거의 찾아보기 힘들다.

이렇게 경쟁이 치열한 분야에서 총감독의 자리에까지 오른 한국인이 있다. 한국인으로서는 유일하게 이곳에서 미술 총감독의 이름을 거머쥔 한유정. 그녀는 이미 10년 가까운 세월 동안 이 무대에서 활약한 서른네 살의 여성이다. 엄격함은 물론 때로 냉혹하다고까지 평가되는 할리우드에서 그녀는 파라마운트, 워너브라더스, ESPN, MTV, NBC 등 거치지 않은 방송사가 없을 정도로 많은 무대를 장식했다.

한 편의 영화가 완성되기까지는 수많은 전문가의 손길이 필요하다. 그중 카메라에 담기는 모든 그림과 공간을 창조해내는 일은 그 작품의 분위기를 좌지우지할 만큼 중요하다. 그리고 이 중요한 일은 바로 프로덕션 디자이너, 미술 총감독의 손에서 이뤄진다.

20년 전만 해도 할리우드에서 일하는 여성 미술 총감독은 극소수였을 뿐만 아니라 외국인이 할리우드에 입성하는 것 자체도 그야말로 하늘의 별 따기였다. 이런 미개척지에 10년 전 도전장을 내밀고 오늘날 당당히 할리우드에서 유일한 한국인 미술 총감독으로 활동하고 있는 한유정. 교포도 아니고, 조기 유학파도 아닌 그녀가 자신의 한글 이름 '한유정'을 내걸고 별들의 무대를 누빌 수 있었던 저력은 어디에서 나온 것일까.

접을 수 없었던 무대 디자이너의 꿈

한국의 대학에서 실내 환경 디자인을 공부했던 한유정은 졸업 후 대기업에 입사해 평범한 직장인의 길을 걸었다. 그러나 그녀가 정말 하고 싶은 일은 따로 있었다. 그녀는 무대 디자이너가 되고 싶었다. 한유정은 직장을 다니면서도 꿈을 포기할 수가 없었고 적당히 직장 생활을 하며 인생을 보내고 싶지도 않았다. 이때 그녀가 선택한 방법은 주경야독. 낮에는 일하고 밤에는 공부하며 포트폴리오를 준비했다. 그리고 '미국으로 가야겠다'고 마음먹은 순간부터 하루 몇 시간의 수면도 사치라 생각하며 바쁘고 힘겨운 날들을 보냈다.

이렇게 일과 공부를 병행하며 1년을 준비하고 자신의 작품집이라 할 수 있는 포트폴리오가 완성되던 날 그녀는 미국 USC 무대 디자인 석사 과정에 응시했다. 그리고 그녀의 피나는 노력에 화답하듯 합격 통지서가 날아온 순간 지난 1년간 고생의 아픔은 연기처럼 사라졌다. 가족에게까지 숨기며 준비했던 한유정의 미국행은 당연히 모두를 놀라게 했지만, 한번 마음먹으면 반드시 해내고 마는 그녀의 성격을 잘 알고 있는 부모님은 결국 미국행을 허락했다. 그 후 얼마 뒤 한유정이 탄 비행기는 한국을 떠나 미국을 향해 날아갔다.

대학원에서 한유정은 학과 조교를 맡거나 아르바이트를 하며 학비를 벌어야 했다. 하지만 그녀의 부지런하고 씩씩한 성품은 활기찬 미국 생활을 꾸려나가고 대학원에서 공부하는 하루하루를 즐거운 시간으로 만드는 데 많은 도움이 되었다. 밤 늦은 시간, 모두가 돌아간 강의실에 혼자 남아 도면을 그리며 커다란 행복을 느꼈던 그녀는 일이나 공부를 즐길 줄 알았다. 단순히 좋아하는 것을 뛰어넘어 즐기며 한 공부와 일에 높은 성과가 뒤따르는 것은 당연했다.

그러던 어느 날, 미국 생활 3주 만에 집에 도둑이 들었다. 낯선 생활 속에서 느닷없는 사고를 당한 그녀는 두려움도 두려움이지만 함께 지내던 룸메이트가 집을 나간다는 소리를 듣고 망연자실했다. 그녀는 자신의 처지를 곰곰이 되새겨보았다. 그리고 친구는 어디든 다른 곳으로 혹은 자기 집으로 돌아갈 수 있지만 자신은 그럴 수 없다는 것, 그럴 처지가 아니라는 것을 다시 한번 확인했다. 한유정은 스스로 다짐했다.

'도망치지 말자, 그것은 내가 할 선택이 아니다.'

한유정은 미국에서 자신이 할 수 있는 단 한 가지의 선택은 '어떤 상황에서 무슨 일을 당하든 배우자'는 것이라고 못 박았다.

한국 여자, 할리우드에 도전장을 내밀다

대학원 공부를 하면서 그녀가 꿈꿨던 것은 사실 영화보다는 연극이나 오페라의 무대 디자인이었다. 한국에서 실내 디자인을 공부하고 이어 미국행을 선택한 것도 좀 더 전문적으로 무대 디자인을 공부해보자는 욕심에서였고, 머지않아 오페라 무대를 만질 수 있을 것이라는 당찬 포부도 가지고 있었다. 이렇게 외골수였던 그녀에게 어느 날의 색다른 경험은 더 넓은 곳을 바라보게 하는 계기가 되었다.

1999년 정우성, 고소영 주연의 한국 영화 〈러브〉가 미국에서 촬영을 개시하던 때, 대학원에서 만난 영화 프로듀서 한 사람이 그녀에게 이 영화에 참여할 수 있는 길을 열어주었다. 무대 디자인만 생각했던 그녀에게 영화는 또 다른 매력을 지닌 세계였다. 한유정은 이 일을 통해 실력을 인정받은 것을 계기로 프로덕션 디자이너의 길을 걷기로 결심하고 드디어 할리우드의 문을 두드렸다. 이때 알게 된 사람이 미국인 프로듀서 프레드다.

프레드는 사소한 실수도 결코 용납하지 않는 것으로 유명하다. 그와 같이 일하는 동안에는 매일 한 명 이상의 해고자가 나올 정도였다. 그는 철저히 군대식 조직을 요구하고 군대식으로 일하는 사람이었다. 프레드는 평소에도 미국에서의 영화 제작은 마치 군사 조직을 움직이는 일과 같기 때문에 장군, 하사관, 보병 등 각자가 자기의 역할에 충실해야만 좋은 영화가 나올 수 있다고 강조했다. 이런 그와 같이 일하는 동안 한유정은 어느 때보다도 할리우드의 영화 속으로 깊숙이 들어가볼

한유정이 미국에서 한 유일한 선택은 배움이다

수 있었다. 실제로 영화 〈러브〉에 참여했던 스태프 중 단 두 명만이 프레드의 새로운 영화 제작에 참여할 수 있었는데, 그 가운데 한 사람이 한유정이었다. 그녀는 그만큼 철저하고 혹독한 시험을 이겨낸 것이다.

그녀의 두 번째 작품은 〈리틀 히어로스 2〉로, 적은 예산으로도 창의적인 아이디어를 낼 수 있는 미술 감독이 필요했던 영화다. 한유정은 바로 이 영화가 요구하는 까다로운 조건들을 만족시켜 할리우드 최연소 미술 감독이라는 타이틀을 따냈다. 이 시기에 그녀는 단 두 시간밖에 잘 수 없었다. 대학원 수업과 조교 일, 여기에 대학 극회 활동과 영화 일을 병행해야 했기 때문이다. 특히 영화를 시작하면서 차츰 수면 시간이 줄어들어 두 시간만 자는 날들이 이어졌고 이것은 결국 습관이

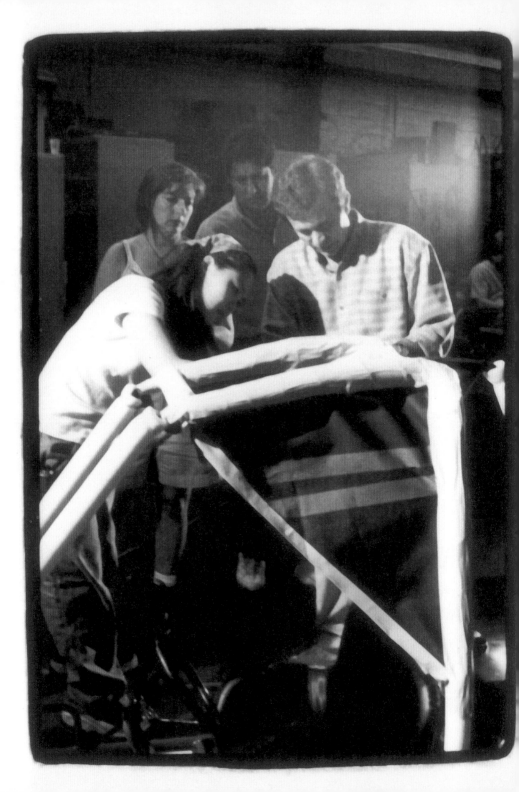

되어버렸다. 이렇게 힘든 시기에 그녀를 지켜본 대학 교수의 평가는 한유정의 일에 대한 열정이 어느 정도인지 짐작하게 한다.

"유정은 힘이 넘치고 적극적이며 모험심으로 가득 차 있다. 좋은 시각적 역량, 미술 감각 등이 그녀를 성공으로 이끌 것이다."

대학원 졸업 후 그녀는 큰 프로젝트에서는 미술 조감독으로도 활동하며 경력을 쌓아갔다. 영화뿐만 아니라 TV와 광고 등 다양한 분야에서도 활동했고 뉴욕, 마이애미, 라스베이거스, 알래스카까지 미국 전역을 누비며 현장에 점차 완벽히 적응해갔다.

그 후 그녀는 앤디 가르시아, 제임스 코번, 믹 제거 등 유명 스타들의 영화 제작에 참여하면서 본격적인 미술 총감독의 길로 접어들었다. 그 결과 오늘날 많은 사람이 한유정을 두고 적은 예산으로도 최고의 그림을 만들어내는 천재적인 미술 감독이라고 입을 모으게 되었다.

모두가 '예스' 하게 만드는 리더십

〈베터 럭 투모로우〉는 2002년 선댄스 영화제 출품작으로, 저스틴 린이라는 잘 알려지지 않은 신인 감독의 저예산 영화였다. 하지만 영화제를 통해 이 작품과 감독은 일약 스타로 떠올랐고 감독의 메이저급 등극의 숨은 공신으로 한유정이 지목되면서 할리우드는 미술 총감독 한유정을 주목하기 시작했다. 그녀는 이 영화의 하이라이트 장면에 나오는 액션과 특수효과를 한층 부각시키는 세트를 제작해냈다. 감독 개인에게도, 영화적으로도 중요했던 장면을 효과적으로 표현하는 데 결정적인 역할을 한 것이다. 당시 한유정과 함께 작업했던 카메라 감독은 그녀를 두고 이렇게 말했다.

"그녀는 몇 가지 요소를 끄집어내 마치 100만 달러짜리 공간에 와 있는 것 같은 효과를 만들어낸다."

저예산 영화의 감독들이 한유정과 함께 일하고 싶어 하는 것은 바로 그녀의 이런 능력 때문이다. 그리고 감독들의 성공과 함께 그녀 역시 할리우드의 벽을 하나씩 오를 수 있는 힘을 얻게 되었다. 이후 그녀의 행보는 블록버스터급 영화는 물론 TV 드라마, 광고 등 다양한 분야로 뻗어나갔다.

현재 할리우드에서 활약하고 있는 프로덕션 디자이너 또는 아트디렉터 중 동양인은 10년 전이나 지금이나 아직도 손에 꼽을 수 있을 정도다. 인종의 벽을 넘어 아예 침범하기 어려운 '백인들의 천국'이나 다름없다. 더구나 미술 총감독은 다양한 사람들을 모으고 그들을 지휘하며 영화 미술 전반을 책임져야 하는 사람이기 때문에 누구보다 탁월한 리더십이 필요하다. 한유정의 성공 요인 중 하나는 바로 이것. "따라오라"라고 말하면 누구에게든 "예!" 하는 대답을 끌어낼 수 있는 리더십이다.

전쟁터를 방불케 하는 영화 제작 현장에서 작은 동양인 여자가 하는 말을 백인 직원들이 경청하고 있는 모습을 상상해보라. 사람들을 설득하고 조직하며 다툼을 조정하고 그 속에 자기의 의견을 관철시키는 것. 아무리 덩치가 큰 사람이라도 한유정 앞에서는 조용히 듣고 큰

그녀의 행보는 TV 드라마, 광고 등으로 뻗어나갔다

소리로 '예스'를 외친다.

　실제로 이런 일도 있었다. 2004년 멕시코에서 미국 TBS의 TV 시리즈물을 촬영하던 당시, 워낙에 빡빡한 일정과 세관을 넘나드는 복잡한 절차 때문에 모두들 힘겨워하던 때였다. 신경은 있는 대로 날카로워져 있었고 사소한 실수만으로도 담당자가 바뀌는 사건사고의 연속이던 날, 시계가 사라졌다. 배우의 몇 억짜리 시계가 도난당했는데 불행히도 미술부의 현지 스태프가 범인으로 지목됐다. 결국 누명은 벗었지만 그는 본보기 삼아 해고당했고 이 일로 미술부 전체가 술렁이기 시작했다. 심지어 억울해서 더 이상 일하지 못하겠다는 사람까지 나오며 너도나도 그만두겠다는 분위기가 확산됐다.

이때 한유정은 누구보다 침착했다. 미술부의 일이었기 때문에 그녀 자신이 더 화가 났지만 동요하는 사람들을 진정시키는 것이 우선이었다. 그녀는 불처럼 들고 일어나는 사람들을 침착하게 설득하고 다시 본업에 집중하도록 만들었다. 그녀의 리더십이 빛을 발하는 순간이었다.

오만함의 극치로까지 얘기되는 할리우드의 영화판에서 리더십은 '조용한 카리스마'로 일컬어지기도 한다. 감독의 전권을 충실히 이해해야 하고 그것을 또 자신의 부서 사람들에게 잘 이해시켜야 한다. 절대로 자신이 먼저 화를 내서는 안 되고, 서운해하는 사람들을 적절한 표현으로 이해시켜야 하는 등 리더십을 갖추기 위한 조건은 무척 까다롭다. 한유정은 바로 이 모든 것을 해낸 것이다. 동료들은 그녀가 사람들을 한데 모으는 탁월한 의사소통 능력을 가지고 있다고 말한다. 그리고 이들은 그녀에게 자신들의 수장에 대한 최고의 믿음과 그녀를 신뢰하는 마음을 가득 담은 따뜻한 시선을 보낸다.

그녀의 천재적 언어 생활

냉혹의 바다 할리우드에서 한유정이 살아남을 수 있었던 중요한 요인은 바로 탁월한 의사소통 능력 곧, 커뮤니케이션 능력이다. 특히 감독과의 의사소통이 무엇보다 중요한 미술 총감독의 자리는 자칫 잘못하면 존재 자체가 무색할 정도로 자기를 낮춰야 하는 자리이기도 하

위기 상황에 대처하는 한유정의 무기는 치밀한 자료다

고, 또 자신을 지나치게 내세워 감독을 불편하게 하면 언제든 '목을 내
놓아야 하는' 불안한 자리다. 이런 위기 상황에 대처하기 위해 그녀가
준비하는 것은 바로 '치밀한 자료'다.

　한유정은 누구도 반론을 펼 수 없을 만큼 자신의 의견을 뒷받침할
만한 다양한 자료를 준비해 감독을 설득했다. 거부할 수 없는 이 증거
자료들 앞에서 대부분의 감독은 그녀의 손을 들어줄 수밖에 없었다.

　한유정의 또 다른 성공 요인은 언어다. 리더십을 발휘하고 감독을
설득하는 모든 일은 언어가 뒷받침되지 않으면 해내기 어려운 것들이
다. 특히 할리우드에서 사용하는 언어에는 일반인들이 전혀 이해할 수
없는 은어가 많이 섞여 있다. 일례로 '화장실'조차 할리우드 영화 현

언어를 이해하는 것은 곧 문화를 이해하는 것, 한유정의 또 다른 성공 요인은 언어다

장에서는 '10-1' 이라고 불리는데 이는 군대 문화의 영향을 받은 탓이
다. 또 하나, "What's your twenty?"라는 말이 있다. 이것은 '너의 이
십은 무엇이냐' 라는 해석할 수 없는 뜻을 가지고 있는데 놀랍게도 할
리우드에서는 "너 어디냐, 지금 있는 곳이 어디냐"는 뜻으로 통용된
다. 바로 이런 말들에 재빨리 적응하지 못하면 할리우드에서 생활할
수 없기 때문에 그녀의 영화바닥 생활은 바로 이 생소한 말들을 체화
하는 것으로 시작됐다.

　　그녀는 언어를 이해하는 것은 곧 문화를 이해하는 것이라고 생각한
다. 둘의 관계는 마치 동전의 양면 같아서 언어를 모르면 문화를 이해

할 수 없고, 또 문화를 모르면 언어에 다가갈 수 없다는 것이다. 그녀가 영화 현장에서 스스럼없이 스태프들과 어울리며 많은 대화의 시간을 가지려 노력했던 것도 바로 이런 문화를 익히기 위해서였다.

할리우드적 특성은 이런 언어를 익히는 데 많은 도움이 되었다. 사실 할리우드에서 일하는 사람들은 대부분 인내심이 많지 않아 빠르고 간단명료한 답, 정확한 답변을 원한다. 이런 특수성 때문에 '외국인이니 좀 봐주지 않을까, 영어를 한 지 얼마 안 되니 이해해주지 않을까' 하는 얄팍한 생각은 전혀 통하지 않는다. 더구나 답변 하나로 어떤 일이 쉽게 해결될 수도 있고 반대로 부서 전체가 힘들어질 수도 있어서 그들의 언어를 이해하고 그들의 문화를 내 것으로 만드는 일은 매우 중요하다.

나는 절대 포기하지 않는다

그녀를 성공으로 이끈 마지막 요인은 당연히 '실력'과 '집요함'이다. 하나의 세트를 만들기 위해 무려 수십 장의 도면을 그리고 그것으로도 만족하지 못해 각종 소품을 찾아 발품을 파는 일이 비일비재했다. 미술 총감독은 누구도 따라올 수 없는 자기만의 미적 감각을 갖춰야 하는데 그녀는 여기에 더해 한 번 일이 생기면 절대 포기하지 않는 집요한 의지까지 갖춘 것이다. 누구도 따라올 수 없는 이런 근성이 있었기에 그녀의 성공이 가능했는지 모른다. 실제로 그녀와 함께 일했던

배우들의 감성을 최대한 끌어낼 수 있는 공간을 만드는 것이 미술 총감독의 역할이다

동료 중 한 사람은 한유정의 감각을 모두가 인정할 수밖에 없었던 에피소드를 이렇게 전하기도 했다.

"그녀는 매우 훌륭한 시각을 가지고 있다. 프로듀서들이 그녀가 처음 생각한 가구의 종류와 색깔, 위치 등을 바꾸려고 많은 시도를 했지만 결국에는 원래 그녀가 두었던 자리로 돌아간다. 그만큼 창조적인 눈을 가지고 있는 것이다."

이외에도 그녀의 실력을 입증하는 증언들은 수없이 많다.

"어떻게 그렇게 적은 돈으로 이런 공간을 만들 수 있는가?"

"세트 제작이 불가피하다고 생각했는데 간단한 소품만으로 공간을 창조해냈다."

영화 제작은 세트 등 촬영 준비가 안 돼 있으면 아무것도 진행할 수 없는 일이다. 그만큼 미술 총감독은 영화에 참여하는 그 누구보다 앞서 가야 하고, 배우들의 감성을 최대한 끌어낼 수 있는 공간을 만들어 낼 줄 알아야 하는 것이다. 그래서 한유정은 감독이나 다른 사람의 칭찬보다 배우들의 감탄이 이어질 때 더 큰 보람을 느낀다.

〈허스〉에서 주인공 지나를 연기했던 배우 엘리자베스 웨이스바움은 한유정의 작품에 대해 이렇게 평했다.

"극중 인물 지나가 누구인지, 스무 살 때 어디에서 와서 어떻게 서른 살을 넘기게 되었는지 확연하게 보여주는 느낌이었다. 마치 대본 속의 나를 세트를 통해서 보고 느끼는 것 같았다. 대본만으로는 완전히 감 잡을 수 없었던 대본 속의 나를 세트 안에 들어와서야 완전한 자아로 이해했다."

내 이름은 '한유정'

한유정이 오늘에 이를 수 있었던 가장 중요한 요인은 바로 자신감이다. 누구나 갖는 미국식 이름을 거부하고 자신의 한국 이름 '한유정'을 그대로 사용하는 것도 바로 이런 자신감에서 나온 행동이다. 그녀는 누구든 자신의 이름을 듣는 순간 '이 사람은 한국인이구나'라고 생각해주길 바란다.

그녀는 특히 '당신들은 죽었다 깨어나도 나의 동양적 감성을 따라

올 수 없다', '너희들이 없는 것을 나는 가지고 있다' 라는 생각으로 자신을 다독인다. 많은 사람이 서양인들과 섞여 어떻게 일을 하느냐, 어떻게 그들을 따라잡을 수 있었느냐는 질문을 할 때마다 그녀는 생각한다. '내가 서양인이 아니라서 서양의 감성을 완전히 이해할 수 없듯이, 그들 또한 동양의 미를 나만큼 알지 못할 것이다' 라고. 이것이 바로 그녀가 지닌 자신감의 원천이다.

한유정은 외국 생활을 하는 대부분의 사람들이 그 나라 사람들과 같아지기 위해 애를 쓰지만 오히려 남과 다른 자기만의 특성을 개발하고 그 속에서 자신감을 찾아야만 진정한 성공을 이룰 수 있다고 믿는다. 그리고 이런 자신감을 바탕으로 인맥까지 충실하게 개발한다면 할리우드에서의 성공은 단지 꿈에 그치는 일이 아니다.

앞으로 5년. 한유정은 앞으로 5년 안에 할리우드 미술 총감독 TOP 10에 들겠다는 당찬 포부를 가지고 있다. 그리고 그녀는 이미 그 꿈을 향해 출발했다.

한유정 이메일 iaminhistory@hotmail.com
홈페이지 www.productiondesigner.tv

김용걸

파리 오페라 발레단 솔리스트

내 인생의 별
에투알을 꿈꾼다

© 한용훈

사람들은 나에게 묻는다.

목표가 뭐냐, 꿈이 뭐냐고.

그들은 당연히 파리 오페라 발레단의

에투알이겠지 생각한다.

하지만 나의 꿈은 내 인생에서 에투알이 되는 것이다.

동양인 최초의 프랑스 파리 오페라 발레단 솔리스트 김용걸. 그는 한국 내 최고의 발레리노였다. 1997년 모스크바 국제 발레 콩쿠르 3위에 이어 1998년 파리 국제 무용 콩쿠르 듀엣 부문 1위. 이 큰 성과가 그것을 증명했다. 아니, 국제대회에서의 연이은 수상은 그가 세계 최고의 발레리노일지도 모른다는 희망을 갖게 했다. 하지만 부푼 꿈을 안고 발레의 본고장 파리로 건너갔을 때 한국 최고의 발레리노에게 주어진 것은 바로 계약직 견습생의 자리였다.

국내 정상의 자리를 버리고 파리 오페라 발레단의 계약직 견습생으로 다시 인생을 시작하기까지 그에게는 많은 일들이 있었다. 바닥부터 시작해 세계적 수준의 솔리스트로 거듭나기까지 프랑스를 자신의 땀으로 적신 김용걸은 오늘날 발레의 도시 파리에서 또 하나의 희망의 증거가 되고 있다. 진한 땀 냄새가 배어 있는 김용걸의 이야기는 그 자체로 하나의 도전의 역사이며 드라마다.

깊고 느린 호흡 그리고 브라보

파리 오페라 극장 무대 뒤 바닥에서 그가 천천히 깊게 호흡한다. 가쁜 숨을 쉬는 그의 얼굴 위로 땀이 쉴 새 없이 흐르고 무대 밖 저쪽에서는 커다란 환호 소리가 들려온다. '브라보! 브라보!' 그가 흘리는 땀은 어쩌면 눈물인지도 모른다. 환호의 빗속에서 발레리노 김용걸은 한참을 울었다.

발레. 사람들은 이 '고급' 예술을 일찌감치 멀리해버렸다. 몇몇의 지식인들이나 누리는 호사로 생각했고 이러한 인식은 한국의 발레 인구를 소수로 한정짓는 데 기여했다. 하루하루 바쁜 생활을 영위해가는 보통의 사람들은 그저 아무개가 어디서 상을 받았다, 어디서 수석 무용수로 뽑혔다 정도의 소식을 뉴스에서나 접할 뿐이었다. 더구나 발레는 마치 여성의 전유물인양 여겨져서 남성 무용수는 이름조차 생소한 경우가 허다했다. 이렇게 발레에서는 척박하다고밖에 할 수 없는 나라에서 김용걸이 태어났다.

발레리노 김용걸. 보통의 발레리나, 발레리노들이 적어도 네다섯 살에 발레를 시작하는 데 비해 김용걸은 나이 열다섯에야 발레 슈즈를 신었다. 자의도 아닌 어머니의 강권에 못 이겨 신은 발레 슈즈였다. 김용걸의 어머니는 네 아들 중 유난히 섬세하고 여린 그를 꾸준히 지켜보다가 어느 날 문득 발레를 시켜야겠다고 생각했다. 평소 어머니 자신의 관심도 관심이었지만 어느 구석에선가 아들의 예술가 기질을 발견한 것이다. 어머니는 그날부터 팔을 걷어붙이고 아들의 발레 학원에 동행했다.

이 시기에 그는 정말 죽도록 발레 타이스 입는 것이 싫었다. 몸에 완전히 달라붙는 타이즈를 입고 사춘기 소년이 또래의 소녀들 앞에 섰을 때의 민망함이란 짐작하기 어렵지 않다. 그의 어머니는 어떤 구실을 만들어서라도 학원에 가지 않으려 했던 그를 억지로 학원으로 끌고 갔다. 어머니는 학교 종례가 끝날 무렵이면 어김없이 교실 복도에 서서 창문 밖으로 무용 가방을 흔들며 김용걸의 발목을 붙잡았다. 그렇게 납치하듯 학원에 데려다 놓고 다시 데려오는 강행군이 오랫동안 이어

열다섯 살에야 발레 슈즈를 신은 김용걸의 등장은 국내 발레계에 신선한 바람을 일으켰다

졌다. 어머니와 아들의 실랑이는 좀처럼 끝나지 않을 것 같았다.

하지만 곧 그의 어머니의 안목이 정확했다는 것이 증명되기 시작했다. 김용걸은 다음 해 부산예고에 입학하고 이어 크고 작은 상들을 휩쓸기 시작했다. 그리고 대학을 졸업하던 해 국립발레단 단원이 되었다. 이후 그는 1996년 국립발레단 정기공연 〈돈키호테〉에서 바질 역을 맡아 주연으로 데뷔하면서 같은 해 수석 무용수의 자리에까지 오르게 되었다.

늦은 나이에 시작한 발레였지만 김용걸의 실력은 누구보다 뛰어났다. 대학 3학년 때인 1993년 일본 아시아-태평양 국제 무용 콩쿠르에서 1위, 다음 해인 1994년 동아 무용 콩쿠르 금상, 불가리아 바르나 국제 발레 콩쿠르 파이널리스트, 1996년 한국 발레협회상 신인상 등 젊

국내 정상의 자리를 버리고
파리 오페라 발레단의 견습
생이 되다

은 나이에 눈에 띄는 성과를 이뤄냈다. 뿐만 아니라 국립발레단 단원이
된 후에도 1997년 모스크바 국제 발레 콩쿠르 2인무 부문 남자 동상,
1998년 파리 국제 무용 콩쿠르 듀엣 1위 등의 상을 거머쥐며 국내는
물론 세계가 주목하는 발레리노로 화려한 날개를 펼치기 시작했다. 그
리고 1999년 대한민국 문화훈장 화관장을 받으면서 그의 성과는 나라
에서까지 인정하는 업적으로 칭송됐다. 남성 무용수의 부족으로 늘 허
기져 있던 국내 발레계에 김용걸의 등장은 신선한 바람, 그 자체였다.

주목받던 한국의 별, 프랑스 견습생을 자처하다

사실 발레의 세계에서 남성 무용수의 비중은 20퍼센트가 채 되지
않는다. 세계의 사정이 이러한데 한국 발레계에서 진짜배기 발레리노
한 명을 만들기란 더더욱 쉽지 않다. 그가 입단 후 바로 국립발레단 수

석 무용수가 되고 이어 세계적 콩쿠르에서 연속 입상하면서 국내 발레계에 던진 충격과 기대는 이러한 점에서 더욱 큰 의미를 지닌다. 당시에는 모두들 한국 남성 발레는 당연히 '김용걸이 이끌어 갈 것이다' 라고 생각했고 그 또한 이 기대에 부응하고자 노력했다. 하지만 그에겐 그조차도 깨닫지 못한 더 큰 꿈이 있었다. 더 큰 무대로 나가 더 뛰어난 사람들을 만나보고 또 겨뤄보고자 하는 예술가의 본능을 그 역시 지니고 있었던 것이다.

2000년 1월, 결국 세계무대로 진출을 결심한 김용걸은 여러 나라를 두고 고민을 거듭했다. 그리고 고민 끝에 미국으로 떠나기로 결심했다. 이후 거의 모든 일정이 확정되고 준비가 끝나는 것 같았는데, 김용걸은 난데없이 프랑스 파리로 향했다. 운명이었을까. 우연히 알게 된 파리 오페라 발레단 견습생 모집 소식에 그는 아무런 망설임도 없이 파리 행을 결정했다. 무작정 오디션을 받은 그는 3위로 파리 오페라 발레단 견습 단원이 되었다. 그의 나이 20대 후반의 일이다.

그러나 고생쯤은 괜찮다고, 힘든 건 기꺼이 참을 수 있다고 여겼던 그에게도 시련은 찾아왔다. 한국에서 주인공만 맡으며 관객의 박수를 받다가 무대 밖 한쪽 구석에서 스페어타이어처럼 지켜보기만 해야 했고, 자신보다 열 살 이상 어린 견습 단원들과 실력을 겨뤄야 했다. '순수 국내파 천재 발레리노', '세계가 주목하는 수석 무용수'. 김용걸에게 따라붙던 그 많은 수식어들은 모두 사라지고 발레리노로서 그의 화려했던 날들도 다 잊히는 듯했다.

"꼭 잊어야 하는 것이 있다. 내가 한국에서 주역 무용수였다는 사

©김홍성

실. 그리고 국제대회에서 상을 탔었다는 사실……"

김용걸은 단원들이 모두 돌아간 늦은 밤까지 계속 홀로 남아 춤을 추며 실력을 키워갔다. 오직 실력만이 그를 표현하고 그에 대해 말할 수 있다고 여겼기 때문이다. 그렇게 밤낮 없는 연습이 계속되던 어느 날, 파리 오페라 발레단에서 단 한 명의 정식 단원을 뽑는다는 공고가 붙었다. 그리고 김용걸은 이 오디션에서 46명의 경쟁자를 물리치고 당당하게 파리 오페라 발레단의 정식 단원이 되었다. 2000년 7월, 파리의 개선문을 들어선 지 5개월 만의 일이었다.

오디션 결과가 발표되었을 때, 김용걸은 홀로 센 강가를 걸으며 감격의 눈물을 흘렸다. 오직 한 명만이 선택받는 자리, 안 되면 어쩌나 하는 심리적 부담 때문에 잠을 이루지 못한 날이 얼마나 많았던가. 자신보다 어린 견습생들은 또 얼마나 막강했던가. 그 어느 때보다도 힘들었던 지난 5개월이 주마등처럼 스치고 지나갔다. 늦은 밤 센 강가에서 홀로 눈물을 훔치며 김용걸은 그동안의 설움을 모두 강물에 흘려보냈다. 그리고 다시 일어서서 전쟁 같은 삶 속으로 씩씩하게 뛰어들었다.

기회는 준비된 자에게 온다

정식 단원이 되었으나 그에게 돌아오는 것은 그저 무리 속에서 흔적 없이 춤을 추는 역할뿐이었다. 나무 1, 병사들, 집시의 무리 중 하

나. 한국에서 그는 내로라하는 수석 무용수였고 솔리스트였으며 돈키호테, 지그프리트 왕자였다. 무수한 백조들이 그와 오데트 공주를 둘러싸고 백조의 춤을 선보였고 무대의 조명은 언제나 그를 향해 있었다. 그러나 파리 오페라 발레단에서의 그는 군무를 추는 여러 발레리노 가운데 하나일 뿐이었다. 그는 그 시절을 이렇게 회상하곤 한다.

"그곳은 별천지였다. 듣도 보도 못한 수많은 레퍼토리와 콩쿠르에서는 만날 수 없었던 진짜 실력의 무용수들이 즐비했다."

김용걸은 이때 스스로 나를 버리는 것이 이 별들의 세상에서 살아남을 수 있는 유일한 방법이라는 것을 깨달았다. 당연히 그가 이전까지 받았던 많은 상들은 모두 무의미한 것이 되었다. 그는 초심으로 돌아간 것이다.

김용걸은 이때부터 먹고 자는 것조차 잊을 만큼 연습에만 몰두했다. 아니, 잊은 것이 아니라 편히 눕고 즐겁게 먹을 수 없었다. 동료들이 모두 퇴근하고 돌아간 시간, 그는 연습에 열중하며 눈물처럼 진한 땀을 흘렸고 거친 빵 한 조각으로 한 끼 식사를 대신했다. 이러한 기억과 여전히 치열한 오늘날의 삶 때문인지 그는 파리를 결코 낭만의 도시로 보지 않는다.

"내가 파리에 도착했을 때 파리는 나에겐 멋지거나 매력적인 도시가 아니었다. 아마도 내가 관광객이 아니었기 때문일 것이다. 나는 파리 오페라단의 무용수로 일하기 위해 프랑스에 온 것이었으니까. 나는 절대 쉽게 춤을 출 생각은 없었다. 나는 기꺼이 힘든 일을 겪어보고 싶었고 그래서 파리로 왔다. 쉽게 살고 싶은 생각도 없었고 어려운 일들

기회는 언제나 준비된 자에게 찾아온다

에 부딪치면서, 그 어렵고 힘든 일들을 해내고 싶었다."

낭만이 아닌 삶 그 자체를 위해 왔고 그 삶이 요구하는 대로 살아간 그였으나 역시 몸은 적당한 휴식이 필요했다. 단 한 번의 외국 유학 경험도 없이 순수하게 한국에서만 살아온 그는 이 '파리의 발레'를 익히는 데만 지독히 골몰하다가 결국 몸 여기저기에 잦은 부상을 입게 되었다. 그래도 그는 쉴 수 없었다. 이렇게 쉬기 위해 파리로 온 것이 아니었다.

이렇게 악바리처럼 생활하던 그에게 드디어 기회가 찾아왔다. 입단 22개월이 되던 2002년 어느 날 바스티유에서 공연할 〈돈키호테〉의 2막 1인무를 맡아줄 무용수가 부상을 입은 것이다. 대타가 필요했고 연출진은 김용걸을 지목했다. 연습할 시간은 단 이틀, 아니 시연을 위한 시간으로는 단 하루밖에 없었다.

모두가 알고 있듯이 기회란 언제나 연습하고 준비하는 자에게 찾아온다. 날아오는 화살을 잡기 위해 쉼 없이 손가락을 움직이고, 또 더 빨리 움직이기 위해 노력해야 오는 기회를 잡을 수 있는 것이다. 김용걸에게 찾아온 이 기회가 그랬다. 쉬는 시간도 먹는 시간도 아까웠던 그의 손아귀에 결국 날아오던 화살이 잡혔다. 결과는 대성공. 이후 그는 여섯 번의 공연에 더 출연하게 되었고 까다로운 것을 넘어 심지어 배타적이기까지 한 〈르몽드〉와 〈피가로〉는 연일 김용걸을 극찬하는 기사를 실었다. 그해 12월 김용걸은 드미 솔리스트, 즉 군무와 솔로를 함께 할 수 있는 자리로 승급되었다.

차곡차곡 한 계단씩 오르기. 어려서부터 유난히 말수가 적고 차분한 성격의 그였기에 가능한 일이었는지도 모른다. 하지만 고국의 팬들이 "솔리스트를 하다가 군무를 추는 것이 부끄럽지 않나요?"라는 직설적인 질문을 해올 때마다, 오히려 아프고 부상당해 하루라도 춤추지 못하는 날이 더 부끄럽고 견디기 어려웠다고 대답하는 그의 모습에서 강인한 내면을 엿볼 수 있다.

파리 오페라 발레단 유일의 동양인 솔리스트

그러나 이제 막 첫발을 뗀 김용걸에게 또 한 번의 부상이 찾아왔다. 족저근막염. 침대에 누워 몇 달을 움직이지 않아야 낫는다는 이 병은

유난히 발을 혹사하는 그에게는 천형 같은 것이었다. 김용걸은 수술을 받아야 했고, 결국 1년을 꼬박 춤추지 못하는 생활이 이어졌다. 그리고 다시 몸이 제자리를 찾을 즈음 그는 불행하게도 또 한 번의 큰 부상을 입었다. 〈봄의 제전〉의 주연을 맡아 공연을 준비하고 있던 때였다. 각고의 노력 끝에 잡은 주인공 자리라는 생각에 그는 더욱 몸을 사리지 않고 연습에 매진했다. 그런데 이리저리 무대 위를 돌며 춤을 추고 드디어 공중으로 뛰어오르려는 순간 발을 접질린 것이다. 결국 그는 공연 2주일을 앞두고 눈물을 머금고 공연을 포기했다.

그는 이때야말로 자신이 더욱 진실한 인간으로 거듭날 수 있었던 시기라고 여긴다. 부상을 당하고 고통의 시간을 견디면서 그는 자신을 진솔하게 돌아보았다. 그리고 좋은 무용수를 만드는 것은 무용실에서 배우는 10퍼센트의 기술이 아니라 무용실 바깥에서 배우는 90퍼센트의 무엇이라는 사실을 깨달았다. 이런 깨달음이 있은 뒤로 그는 거리의 풀 한 포기나 나뭇가지의 움직임에도 자신의 감성을 담을 수 있었고 잡지 한 컷의 그림에도 영감을 받아 자기만의 색깔로 춤출 수 있었다. 이 덕분에 그는 지금도 언제나 무용실 밖의 진실에 귀 기울이려 노력한다.

2005년이 되었다. 가끔씩 독무를 하기도 했으나 그는 여전히 군무를 추는 단원의 한 사람일 뿐이었다. 그리고 12월, 단 한 명만이 승급한다는 솔리스트 시험이 있었고 그는 또다시 합격했다. 파리 오페라 발레단 유일의 동양인 솔리스트가 된 것이다.

무용평론가 박성혜는 그를 두고 이렇게 말한다.

"오페라 발레단이 있는 파리는 발레의 본고장으로 유구한 전통을 가지고 있고 그만큼 자부심도 강해 텃세가 세기로 유명하다. 사실 입단하는 것만 해도 힘든 일인데 밑바닥부터 시작해 솔리스트까지 올라간 것은 정말 대단한 일이다."

그 대단한 일을 기꺼이 해낸 김용걸은 자신의 홈페이지에 당시의 감격을 이렇게 적어놓았다.

아직도 정신을 차리지 못할 정도의 기쁨이 내 머릿속을 맴돌고 있다. 여기서 안주하지 않고 더 나은 공연으로 여러분들을 다시 뵐 수 있도록 노력할 것이다.

아마도 그는 이 승급 통지를 받고, 오래전 힘겨웠던 견습 단원 시절과 군무를 추며 외로워했던 시간을 떠올렸는지 모른다.

긴 외로움의 터널 끝에서 맛본 감격의 순간

지난 2006년 여름, 그는 자신의 고향인 부산에서 〈더 무버The Mover 김용걸〉이라는 제목으로 공연을 가졌다. 여기에서는 그의 파리 오페라 발레단 동료인 사뮈엘 뮈레스가 직접 찍은 다큐멘터리 〈스텝 바이 스텝Step By Step〉이 함께 상영되기도 했다. 동료인 사뮈엘 뮈레스는 파리 오페라 발레단에는 흔치 않은 이 동양인 발레리노를 매우 흥미 있는

시각으로 좇는다. 발레단 전체를 통틀어 동양인은 그와 군무를 추는 일본인 발레리나가 전부다. 더구나 솔리스트의 자리에까지 오른 동양인은 340년 파리 오페라 발레단 역사에서 처음 있는 일이었다. 당연히 모두의 시선이 쏠릴 수밖에 없었다. 동료였던 그 역시 흥미와 호기심으로 김용걸의 삶을 기록하기 시작했다.

그러나 이 다큐멘터리를 본 사람이라면 누구도 단순히 흥미롭다고만 말할 수 없을 것이다. 그만큼 김용걸의 진한 땀과 고통이 배어 있다. 이 다큐멘터리에는 김용걸이 쉼 없이 자기의 머리를 쥐어박는 장면이 나온다. "아니잖아, 이게 아니잖아!"라고 외치듯 말하면서 쿵쿵 소리가 나도록 머리를 때리고 또 때린다. 뿐만 아니라 견습생과 군무시절, 동양인이었던 탓에 유난히 눈에 잘 띄는 그를 계속해서 지적하는 선생을 두고 돌아서 외치기도 한다.

"왜 나냐고! 왜 나만 가지고 그러냐고!"

무용실 밖 어두운 공간에는 그가 비애감으로 털어놓은 외침이 가득하다. 진실로 외로웠을 한 인간으로서 김용걸의 모습이다. 억울하기도 하고 때로는 절망스럽기도 했던 그의 파리에서의 생활이 이 다큐멘터리에 고스란히 담겨 있다. 몇 년 전의 인터뷰에서 그는 영화 〈킹콩〉을 보고 울었다고 말했다. 킹콩이 여주인공을 손 위에 올려놓고 저물어가는 하늘을 바라보는 장면에서 왠지 눈물이 나더라는 것이다. 그의 눈에는 킹콩이 너무도 외로워 보였다. 자신의 외로움이 킹콩에게 투영된 것이다. 그가 걸어왔던 그 길, 아무도 가르쳐주지 않았던, 아니 답조차 없었던 그 길을 걷는 동안 그 역시 너무나 외로웠다.

긴 외로움 끝에 김용걸은 결국 파리 오페라 발레단 역사에 길이 남을 솔리스트가 됐고 2006년 감격스러운 첫 주역을 따냈다. 아브 라그라가 안무한 컨템포러리 발레 〈시간의 숨결〉이라는 작품에 세계적 발레 스타 마뉘엘 레그리와 더블 캐스팅된 것이다. 이것도 역시 주역 한 명의 갑작스러운 부상으로 생긴 자리였지만 역시 언제나 준비되어 있는 김용걸을 알아본 안무가가 그를 직접 지명했다는 데 더 큰 의미가 있다. 그는 당시의 감격을 이렇게 말한다.

"그 순간을 오래도록 느끼고 싶어 정말 천천히 무대 위를 굴렀다. 파리 오페라 극장 천장에 있는 샤갈의 그림이 그토록 아름답다는 걸 그때 처음 알았다."

구르고 또 구르고, 그는 그렇게 자기에게 주어진 순간을 음미했다. 천장 위의 그림과 조각상 하나하나가 그를 내려다보고 있고, 비어 있는 관객석에선 긴장감마저 감돌았다. 마침내 행복의 시간이 그에게 찾아온 것이다. 이렇게 김용걸의 솔리스트 생활은 시작되었다.

내 인생의 에투알을 꿈꾼다

사실 우리는 누가 몇십 년, 몇백 년에 한 명꼴로 탄생할 만한 인재라는 이야기를 들으면 그저 대단하다고 생각하고 말 뿐, 그 시간의 무게를 종종 잊어버리곤 한다. 하지만 다시 생각해보자. 340년이란 시간은 대체 얼마나 긴 것일까. 바로 파리 오페라 발레단의 그 긴 역사를 뚫고

파리 오페라 발레단 역사상 동양인이 솔리스트가 된 것은 김용걸이 처음이다

© 한용훈

동양인 발레리노 김용걸이 탄생한 것이다.

　그는 항상 자기 인생을 이끌어온 두 명의 여인을 생각한다. 한 명은 그의 아내인 발레리나 김미애. 9년이 넘는 연애 끝에 결혼한 두 사람은 김용걸이 파리 생활을 하는 동안 떨어져 지내면서도 서로에게 가장 큰 버팀목이 되어주었다. 그리고 또 다른 한 명은 지금의 김용걸이 있기까지 기꺼이 자신을 희생했던 그의 어머니다. 그는 파리 생활 중 힘이 들 때마다 두 여인을 생각하며 마음을 다졌다.

　오늘도 발레리노 김용걸은 매번 새롭게 도전하는 마음으로 발레 슈즈를 신는다. 춤을 추지 않았던 시간, 춤을 추지 못했던 시간을 떠올리며 온몸으로 끊임없이 춤을 추고 꿈을 꾼다. 그리고 여전히 에투알

먼저 자기 인생의 에투알이 되어야 한다

(etoile. 스타 무용수)을 꿈꾼다.

　"사람들은 나에게 묻는다. 목표가 뭐냐, 꿈이 뭐냐고. 그들은 당연히 파리 오페라 발레단의 에투알이겠지 생각한다. 하지만 나의 꿈은 내 인생에서 에투알이 되는 것이다."

　외로움과 좌절마저도 삶의 일부로 껴안을 줄 아는 그는 자신을 통해 새로운 희망을 품는 사람들이 있음을 알기에 오늘도 쉬지 않고 춤을 춘다. 타인과의 경쟁이 아니라 자신과의 경쟁에서 이기는 삶을 살고 싶다는 김용걸. 더 넓은 세계를 향한 그의 몸짓은 이제부터 시작이다.

김용걸 이메일 ygballet@yahoo.com
팬카페 cafe.naver.com/etoilekimyg

케빈 리

플로리스트 파티플래너

꽃의 마법에 빠진
베벌리힐스

"오직 렘브란트만이 렘브란트를 그릴 수 있다."

다른 직업도 마찬가지겠지만,

디자인을 업으로 삼는 사람이라면

이 말을 특히 귀담아들어야 한다.

이 말은 나에게도 어김없이 적용된다.

'오직 케빈 리만이 만들어낼 수 있는 작품'

그런 작품을 위해 평생 끝없이 도전하고 싶다.

미국 최대의 시상식으로 손꼽히는 아카데미 상과 그래미 상 시상식은 그야말로 별들의 잔치라 불릴 만큼 멋지고 화려하다. 이 화려한 시상식장의 연출을 10년 동안이나 총괄하며 아름다운 공간을 만들어온 주인공은 54세의 한국인 케빈 리. 지금은 각자의 삶을 살고 있지만 당시 할리우드 최고의 화제였던 영화배우 브래드 피트와 제니퍼 애니스톤의 성대한 결혼식도 케빈 리의 작품이었다. 그는 전설적인 영화배우 앤서니 홉킨스, 미국 최고의 팝 가수인 크리스티나 아길레라 등 이름만으로도 그 위상을 짐작할 수 있는 정상급 스타들의 결혼식과 주드 로, 아널드 슈워제네거, 빌 클린턴 등 각계각층 인사들의 다양한 기념일 행사들을 주관했다. 이런 케빈 리의 직업은 '플로리스트' 이자 '파티플래너' 다.

플로리스트는 이제 한국에서도 익숙한 직업으로, 플라워flower와 아티스트artist의 합성어다. 이 플로리스트는 꽃을 이용해 새로운 부가가치를 만들어내는 사람으로 예전에는 단순히 꽃 장식가, 꽃꽂이 전문가 등의 이름으로 불렸으나 꽃에 새로운 의미를 부여하고 디자인하는 사람들로 재인식되면서 21세기 전문 직종으로 떠오르고 있다.

파티플래너 역시 파티 문화가 익숙하지 않은 한국에 소개된 지는 얼마 되지 않았지만 미국 등 선진국에서는 이미 전문적인 파티 기획자로서 그 가치를 인정받고 있다. 오래전 한국에서 파티는 정식 개념의 파티라기보다는 단순히 기념일을 축하하고 음식을 나누는 행사 정도로 인식됐다. 그러나 최근 한국에 서구식 파티 개념이 도입되면서 이제 파티는 단순히 먹고 마시는 자리가 아니라 전체적인 분위기와 하나의 테마가 조화를 이루는 문화공간으로 인식되기 시작했다. 이런 의미에서 보면 미국은 파티의 본고장이라 할 만큼 다양한 파티가 연일 열리고 그 문화 역시 한 시대를 풍미할 만큼 발달해 있다. 그 파티의 중심에서 전체를 기획하고 준비하며 마무리까지 완벽하게 해내는 사람이 바로 파티플래너다.

이 파티플래너는 고객의 취향을 분석하는 일에서부터 장소를 섭외하고 가구와 조명 등 부자재들을 직접 선택하며 공간을 파티의 목적에 맞게 꾸미는 일 모두를 도맡는다. 뿐만 아니라 고객들의 식사 메뉴와 식기 고르는 일, 사회자를 섭외하고 전체를 진행하는 일 등도 파티플래너가 해야 할 일이다. 또 꽃은 파티에서 매우 중요한 위치를 차지하기 때문에 그날의 분위기와 환경에 맞도록 적절하게 스타일링되어야 한다.

케빈 리가 오늘의 성공에 이를 수 있었던 것도 바로 이 꽃에 대한 남다른 감각과 디자인 능력 덕분이었다. 그는 플로리스트가 가져야 할 여러 덕목들을 모두 갖추고 있다. 특히 각 식물이 가진 특성에 대한 이해를 바탕으로 동양의 선과 서양의 색감을 절묘하게 아우르는 플로리스트로 평가받고 있다.

실제로 플로리스트는 꽃의 학명과 통속적 이름, 꽃말과 그 역사에 대한 지식까지 두루 갖추고 있어야 하는 만큼 전문성이 필요하다. 그리고 여기에 원예 전반에 대한 폭넓은 이해를 수반하고 있어야 자리와 목적에 맞는 연출이 가능한 스타일리스트로 평가받을 수 있다. 케빈 리는 미국, 그것도 최고의 부유층과 각 분야 사회 지도층이 살고 있다

플로리스트는 스타일리스트가 되어야 한다

는 베벌리힐스에서 이 모든 조건을 만족시키고 있는 것이다.

케빈의 꽃을 주세요

케빈 리는 원래 음악인이 되려고 했다. 예원중학교와 서울예고, 단국대 음악과 등을 거치며 클라리넷을 연주했던 그는 어려서부터 음악을 해온 다른 아이들처럼 자신도 그렇게 연주자의 길로 들어설 것이라 생각했다. 그러나 아버지의 갑작스러운 죽음으로 가세가 기울기 시작했다. 결국 남은 가족들은 누나가 살고 있던 미국으로 이민을 가기로 결정했다. 1979년, 그가 대학교 2학년이었을 때의 일이다.

미국에서의 생활은 막막하고 험난했다. 아무런 기술도 없고 기반도 없었던 그가 선택할 수 있는 일은 그다지 많지 않았다. 다섯 식구 중 돈 버는 사람이 한 명도 없어 손가락 사이로 돈이 술술 빠져나가는 것이 느껴질 지경이었다. 그는 우선 되는대로 편의점 아르바이트부터 주유소 일까지 돈이 되는 일이라면 밤낮을 가리지 않고 뛰어들었다. 그러던 어느 날 그는 누나의 친구로부터 꽃집에서 일해보지 않겠느냐는 제안을 받았다. 오래전 한국에서 꽤 괜찮은 꽃꽂이 솜씨를 발휘했던 그를 기억하고 있었던 것이다. 그때의 꽃꽂이 솜씨는 한국에서 꽃꽂이를 공부하던 누나의 어깨 너머로 배워 익힌 것이었다. 꽃과의 인연은 이렇게 시작됐다.

로스앤젤레스 웨스트레이크의 작은 꽃집. 그가 미국에서 갖게 된 첫 정식 직장이었다. 꽃집의 일은 만만치 않았다. 청소와 배달, 포장 일을 하는 동안 그의 손에는 점점 많은 굳은살이 박였다. 하지만 이런 궂은일에도 그는 잔꾀를 부리거나 게으름을 피우지 않았다. 당시 꽃집에서는 퇴근 시간이 되면 하던 일을 멈추고 퇴근하는 것이 일반적이었지만 그는 성격상 중도에 일을 놓고 나갈 수가 없었다. 이런 이유로 밤늦은 시간까지 일하는 날이 많았고 이렇게 성실히 일하는 그를 찾는 고객 역시 늘기 시작했다.

예술적 감각과 독특한 공간 창조 능력을 가진 그는 한번 책에서 본 것은 그대로 따라 만들 수 있을 정도로 꽃에 대한 독보적인 감각을 자랑했다. 고객들은 "케빈의 꽃을 주세요"라고 따로 주문할 정도로 그의

예술적 감각과 독특한 공간 창조 능력으로 '플로리스트 케빈 리'라는 이름을 각인시켰다

실력을 알아보기 시작했다. 이렇게 1년 6개월이 지나자 그는 직원들을 통솔하는 매니저의 자리에까지 올랐다. 더욱이 이곳에서 일하는 5년여 동안 '전미 플라워 콘테스트'에 출전해 수차례 1위를 차지하며 서서히 '플로리스트 케빈 리'라는 이름을 사람들의 뇌리에 각인시켰다. 이후엔 아예 이 대회의 심사위원으로 나서기까지 했다.

케빈 리의 꽃 장식을 파티에 쓰고 싶다고 요청하는 전화가 하루에도 수십 통씩 걸려왔고 이것은 곧 가게의 엄청난 매출로 이어졌다. 전화는 로스앤젤레스만이 아니라 미 전역에서 걸려와 꽃집 주인의 입은 다물어지지 않을 정도였다. 보석 중의 보석, 케빈 리를 꽃집에 잡아두기 위해 주인은 집을 사주는 등 물심양면으로 애를 썼지만 그는 결국

미국인들은 늘 꽃과 함께 산다고 할 정도로 미국에서 꽃은 일상적이다

독립을 결심했다.

큰물에서 놀아보자

케빈 리가 독립을 결심한 이유는 자기만의 공간을 만들고 싶다는 꿈을 실현할 때가 왔다고 느꼈기 때문이었다. 1986년 그의 첫 꽃집 '로스앤젤레스 프리미어LA Premiere'는 이렇게 탄생했다. 그에게는 이 순간이 생애 가장 기쁜 순간이었다. 가게는 아예 베벌리힐스 한복판에 내기로 했다. 미국인들은 늘 꽃과 함께 산다고 할 정도로 미국에서 꽃은 일상 소품이나 마찬가지였지만 그것을 좀 더 고급화하여 최고의 부가가치를 만들기 위해 '아예 큰물에서 놀아보자'는 배짱을 부려본 것이다. 그리고 몇 년이 지나자 그의 결단이 결코 허황한 배짱이 아니었음이 증명되었다. '로스앤젤레스 최고'라는 의미를 지닌 가게 이

름에 걸맞게 그의 가게는 케빈 리라는 명성에 힘입어 날로 번창했고, 가게를 두 번 옮기는 동안 정말 로스앤젤레스 최고로 자리 잡았다.

이후에도 그는 각종 플라워 쇼에 참가해 자신의 디자인을 발전시키기 위한 노력을 게을리하지 않았다. 이런 그의 노력에 화답하듯 드디어 1990년 그는 인기 팝 가수인 베이비페이스의 결혼식을 장식하는 기회를 얻었다. 장미꽃 2만 송이로 꾸며진 결혼식은 신랑, 신부는 물론 참석한 하객들의 탄성을 자아냈고 이 일을 통해 그는 할리우드 스타들과 조금씩 인연을 맺게 되었다. 특히 이 일을 계기로 케빈 리는 꽃 장식을 하는 플로리스트에서 파티 전반을 기획하고 진행하는 파티플래너로 거듭났다.

세상엔 무서운 것도 불가능한 것도 없다

이때부터 그는 브래드 피트의 결혼식, 키아누 리브스의 생일파티, 아널드 슈워제네거의 주지사 당선 파티 등 유명 할리우드 스타들의 결혼식과 각종 기념식을 도맡게 되었다. 또 10년이 넘는 세월 동안 아카데미 상과 그래미 상 시상식장을 기획하고 연출해 거의 모든 파티에서 그의 이름이 거론될 정도로 큰 성공을 거두었다. 베벌리힐스의 상류층에선 아무런 기반도 없이 오로지 혼자의 실력으로 자수성가를 이뤄낸 그를 두고 다양한 이야기들이 오가기도 한다.

이러한 눈부신 성공을 거둔 케빈 리는 '플로리스트는 단순히 꽃을 멋있게 꽂는 것에 그쳐서는 안 된다'는 신념을 가지고 있다. 플로리스트는 각종 이벤트와 행사의 분위기를 전체적으로 연출해주는 '분위기 디자이너'가 되어야 하는 것이다. 또 파티플래너는 테마를 만들고 그 테마에 맞는 느낌을 눈으로 보여줄 수 있어야 한다. 그래서인지 그는 고객의 머리 모양, 구두, 입고 있는 옷만 봐도 고객이 어떤 파티를 원하고 어떤 테마를 원하는지 단번에 알아챈다. 오랜 세월 동안의 경험이 그를 '사람을 읽는 베테랑'으로 키워낸 것이다.

미국에서 일하던 처음 10년, 그는 정말 죽도록 힘들었다. 타고난 실력과 감각을 갖춘 그였으나 머나먼 이국에서 남들보다 두 배는 더 뛰어야 했고 더 일찍 일어나야 했으며, 내성적이던 성격을 외향적으로 바꿔야 했다. 또 한번 고객이 된 사람들에게는 때마다 잊지 않고 연락을 했다. 이렇게 친절을 베풀고 고객을 기억하는 그를 색안경 끼고 보던 사람들도 이제는 하나 둘 "케빈은 친절하다, 약속을 잘 지킨다, 무엇이든 원하는 것을 내놓는다"라고 칭찬하기에 바쁘다. 이 고생스러운 기간 동안 그는 한 가지 교훈을 얻었다.

"세상엔 무서운 것도, 불가능한 것도 없다."

내 귀는 고객의 소리를 듣기 위해 열렸다

1998~2000년까지 그는 빌 클린턴 미국 대통령의 후원 모금 행사의 실내 장식을 담당했다. 그리고 이 인연으로 로스앤젤레스 후원 모

플로리스트는 단순히 꽃을 멋있게 꽂는 것에 그쳐서는 안 된다

금회 저녁식사에 초대를 받기도 했다. 이후에도 그는 엘리자베스 테일러, 프랭크 시나트라, 톰 크루즈, 브리트니 스피어스, 오프라 윈프리 등 할리우드의 내로라하는 스타들을 자신의 단골 고객으로 만들었다.

그는 파티플래너로 일하며 자신만의 원칙을 몇 가지 만들었다. 첫 번째는 '고객 우선'. 고객에게 무리하게 자신의 스타일을 강요하지 않는다. 때로 디자이너들이 자신의 명성 등을 이유로 지나치게 고객을 불편하게 하거나 권위적으로 다가갈 때가 있는데 그것은 옳지 않다. 그가 새로운 고객을 만날 때마다 대화의 시간을 넉넉하게 마련하고 고객의 스타일을 유심히 살피는 것도 이런 이유에서다.

두 번째는 '완벽한 애프터서비스를 하자'는 것이다. 케빈 리는 파티가 끝나고 난 뒤를 더 잘 관리하는 것으로 유명하다. 회사의 직원 외에 더 많은 파트타임 직원을 고용해 먼지 하나, 티끌 한 점 남기지 않는 완벽한 마무리를 습관화하고 있다. 그리고 정성 어린 감사의 편지를 고객에게 보내는 것으로 자신이 맡은 파티를 마감한다.

세 번째는 '고객의 사생활은 영원히 함구한다'는 것이다. 직업 특성 상 고객의 내밀한 부분을 들여다보게 되지만 그것은 그때일 뿐, 그 일에 대해서는 어디에서도 발설하지 않는다는 것이 그의 철칙이다. 더구나 대부분의 고객이 세계적으로 유명한 스타들이다 보니 이러한 원칙은 더더욱 중요한 것이 되었다. 케빈 리의 이 같은 사업 태도 덕분에 할리우드의 스타들은 그를 더욱 편안히 대할 수 있었고 파티 이후에도 좋은 친구로 남게 되었다. 그가 할리우드에서 가장 높은 개런티를 받는다는 줄리아 로버츠와 막역한 관계를 유지할 수 있었던 것도 바로 이런 비즈니스 윤리에 철저했고 그것을 몸소 실천했기 때문이다.

네 번째는 이벤트를 준비하기 전 반드시 '현장 답사를 한다'는 것이다. 미국에는 유대인과 스페니시, 멕시칸, 각국의 동양인 등 다양한 인종의 사람들이 살고 있다. 특히 이들은 오랜 세월 미국에서 생활하면서도 자신들만의 독특한 문화를 그대로 유지하고 있는 경우가 많다. 이렇게 경우에 따라서 미국식으로 변모한 그들만의 문화가 있다 보니 두 나라의 특성을 모두 담아내야 할 때가 있다. 일례로 유대인들의 성인식은 다른 나라와 달리 만 13세가 되는 날에 실시한다. 이런 파티에서는 유대인의 특성에 맞춰 촛불 점화 하나에도 그들의 관습을 담아낼 수 있도록 신경 써야 한다. 다른 한편 조명이나 식기, 기타 분위기에는

자신의 스타일을 강요하지 말고 고객의 스타일을 고려해야 한다

미국 현지의 실시간 트렌드를 담아내야 하고, 꽃 장식은 시대적 감각과 그들만의 전통을 아우를 수 있도록 준비해야 한다. 말 그대로 문화 전반에 대한 다양한 식견을 갖추고 있어야 하는 것이다. 파티나 기타 이벤트가 있을 때마다 공부하듯이 그가 현장을 직접 방문하고 고객과 관련한 각종 잡지들을 탐독하는 이유가 바로 여기에 있다. 덕분에 그는 '이벤트는 인테리어와 음악, 미술, 고객의 심리, 라이프스타일을 두루 이해해야 가능한 종합 엔터테인먼트'라는 개념을 정립할 수 있게 되었다.

생애 최고의 순간을 디자인하다

케빈 리가 추구하는 다섯 번째 원칙은 '오늘의 것은 오늘로 끝난다'는 것이다. 그는 20년 넘는 세월 동안 꽃을 만지고 파티를 진행하면서

케빈 리는 단 한 번도 같은 디자인을 사용하지 않았다

단 한 번도 같은 스타일, 같은 디자인을 사용하지 않았다. 한 번쯤 이전의 것을 사용해도 괜찮았을 상황에서조차 그는 늘 새롭게 디자인하고 언제나 '이 세상 최초의 것'을 고객에게 선보였다. 자신을 믿고 파티를 맡긴 사람들에게 생애 최고의 순간을 선사하기 위해서다. 할리우드의 고객들 모두가 이 진심 어린 마음을 그의 실력만큼이나 높이 평가하고 있다.

늘 처음처럼, 늘 새롭게, 언제나 다르게. 그는 이것이 자신의 운명이라고 생각한다. 새로운 일을 시작할 때는 늘 새로운 아이디어가 떠오르기 때문이다. 심지어 잠을 자는 순간조차 꿈속에서는 새로운 파티를 꾸미고 꽃을 만들고 있다. 그래서인지 그는 지금껏 단 한 번도 제대로 된 잠을 잘 수 없었다. 반쯤 깨어 있는 가수면 상태. 그는 달콤한 휴식시간에조차 끊임없이 머릿속으로 새로운 디자인을 그리고 지우기를 반복한다.

그리고 케빈 리의 마지막 원칙, '다가온 기회는 결코 놓치지 않는다'. 1998년 프랭크 시나트라의 장례식 진행을 맡아달라는 의뢰가 들어왔다. 평소 고인의 유지에 따라 장례식은 죽음을 '새로운 출발'로 보는 테마로 꾸며졌고 CNN을 통해 방영된 이 장례식을 통해 케빈 리는 미국은 물론 전 세계적으로 주목받게 되었다. 이후 그가 마이클 잭슨의 생일파티를 진행하고, 영화배우 로저 무어의 생일파티를 매년 준비하게 된 것도 바로 이런 기회를 충실히 활용했기 때문이다. 또 이 일을 계기로 미국 NBC의 〈엔터테인먼트 투나잇〉, CBS 〈그레이트 아메리카〉, 〈도니 & 머레이 쇼〉에 초대돼 자신의 고객들에 대해 이야기를 나누는 시간을 가지면서 그 자신 역시 유명인사가 되었다.

꿈꾸지 않는 자는 시체와 같다

세월이 흘러 이제 그는 지천명을 넘게 됐다. 그래도 그는 여전히 혼자다. 일을 하다 보니 어느새 시간이 훌쩍 가버린 것이다. 그러나 무엇보다 그가 혼자일 수밖에 없는 이유는 그가 '꿈꾸는 자dreamer' 이기 때문이다. 늘 꿈을 향해 달려가는 사람, 꿈꾸는 자, 드리머. 언제나 꿈꾸고 새로운 세상을 바라볼 준비로 바빴던 그이기에 결혼을 생각할 겨를이 없었는지도 모른다. 그는 꿈꾸지 않는 자는 시체와 같다고 생각한다. 또 베벌리힐스의 꽃집에서 배달부로 시작해 오늘의 자리에 오른 것 역시 자신이 늘 꿈을 가진 덕분이라고 여긴다.

"나는 드리머다. 디자이너이기에 항상 꿈꾸고, 창조하다가 갈 것이다. 죽는 날까지."

그는 이 말을 호흡처럼 입에 달고 산다.

꿈꾸는 사람 케빈 리. 그는 아직도 자신의 갈 길이 멀다고 생각한다. 그리고 사람들이 '성공'을 말할 때마다 두려운 마음을 갖는다. 성공이라고 하면 어쩐지 이제 그만 그 자리에서 멈춰야 할 것 같기 때문이다. 그는 자신과 같은 창작의 세계에 있는 사람들에게 끝이란 없다고 믿는다. 창작이란 끊임없이 새로운 것을 만들어내는 일이고 창작의 영역에 속하는 디자인 역시 무한한 가능성을 내재한 분야이기 때문이다.

디자이너는 항상 꿈꾸고 창조하는 자이다

　요즘 그는 한국에서 꿈을 품고 찾아온 학생들을 가르치는 데 여념이 없다. 물론 현지의 플로리스트 역시 그의 제자들이다. 그의 제자들이 앞으로 어떤 새로움, 어떤 창조력으로 사람들을 감동시킬지 모르는 일이다. 하지만 그는 제자들의 열정을 느끼고 그들이 만들어갈 미래를 떠올릴 때마다 벌써부터 마음이 설렌다. 잠재력이 무궁무진한 미국 시장에서 한국의 위상을 드높이는 제2의 케빈 리가 나올 날도 그리 멀지 않았다.

평생을 해도 모자란 것이 무엇인가를 창조하고 디자인하는 일이라고 믿는 사람. 게을러질 때마다 선인장의 놀라운 생명력에 감탄하고 난초의 깊은 푸름을 느끼며 자신을 되돌아보는 케빈 리. 그의 인생의 파티는 오늘도 계속되고 있다.

케빈 리 홈페이지 www.lapremier.com
저서 《꽃으로 헐리우드를 덮다》(오픈하우스, 2008)

제니 배

전자 바이올리니스트

세계를 유혹하다

삶의 매순간을 대비해 아무리 잘 준비한다고 해도

인생의 폭풍우는 계속해서 몰아칠 것이다.

그때 중요한 것은 믿음을 따르는 것이다.

그것은 신에 대한 믿음이 아니라 나 자신에 대한 신뢰다.

내 안의 자신과 함께하는 것을 상상할 수 있다면,

정말 상상할 수 있다면

그렇다면 나는 진짜 삶을 찾을 수 있을 것이다.

이탈리아 로마의 파이퍼 공연장에서는 얼마 전 특별한 공연이 있었다. 로마 클럽의 역사를 고스란히 간직하고 있는 예술의 현장. 그동안 이 무대는 세계적인 록 밴드 핑크 플로이드, 재즈의 천재 루이 암스트롱, 재즈의 거장 듀크 엘링턴 등 이름만 대면 모두가 알 만한 세계적 아티스트들에게만 허락되었다. 수많은 거장들이 거쳐 간 이 무대가 마련된 지도 어언 42년. 이날의 공연은 파이퍼의 명성과 역사를 이어갈 음악인들이 한자리에 모인 명실 공히 최고의 축제였다. 이처럼 세계의 모든 아티스트가 꿈꿀 만한 무대에서 벌어진 공연의 현장에 눈에 띄는 한 사람이 있었다. 노랑머리, 푸른 눈의 사람들 속에서 검은색 긴 머리를 찰랑이며 바이올린을 연주한 동양인. 그녀는 전자 바이올리니스트 제니 배다.

그녀는 이 큰 무대에서 자신감 넘치는 표정으로 〈왓 어 원더풀 월드What a Wonderful World〉를 연주했다. 클래식 공연에서는 좀처럼 볼 수 없는 분방한 포즈와 도발적인 차림새 때문일까? 그녀는 때로 '섹시하다', '고혹적이다'라는 반응을 불러일으킬 정도로 좌중을 압도한다. 올해로 한국 나이 스물일곱인 제니 배는 이렇게 세계의 청중을 무장해제시키고 있다.

바이올리니스트의 꿈

한국 이름이 배영란인 제니 배는 미국 지사로 발령 난 아버지를 따

큰 무대에서 더 자신감이 넘친다

라 열두 살에 처음 미국 땅을 밟았다. 열 살 무렵, 정경화의 연주에 반해 바이올린을 배우기 시작했을 때만 해도 그녀는 물론 가족 어느 누구도 그녀가 이렇게 세계적인 바이올리니스트로 성장하리라 생각하지 못했다. 그녀는 그저 음악이 좋았고 바이올린이 좋았을 뿐이었다. 남보다 늦게 시작한 음악이었지만 그녀는 빠른 속도로 바이올린을 익혔고, 고등학교에 올라갈 무렵에는 시애틀의 온갖 음악 콩쿠르에서 상을 휩쓸 만큼 탁월한 실력을 자랑하게 되었다. 그렇게 바이올린을 시작한 지 6년, 고등학교 1학년 때 인생의 첫 번째 터닝 포인트가 그녀에게 찾아왔다.

제니 배는 학교 선생님의 추천으로 도로시 딜레이의 여름 캠프인

'아스펜 뮤직 페스티벌'에 참여하게 되었다. 우리에게는 장영주의 스승으로 더 잘 알려진 세계적인 음악가 도로시 딜레이와의 첫 만남이 이루어진 것이다. 도로시 딜레이는 이제 갓 6년차에 접어든 제니 배의 연주를 듣고 참으로 대견하고 기특하다는 듯 그녀에게 말을 건넸다.

"제니 배, 나랑 같이 공부하지 않을래?"

도로시의 이 말은 그녀의 삶을 송두리째 바꿔놓았다. 누군들 이 말에 가슴 떨리지 않았을까. 제니 배는 캠프에서 돌아온 이후 뉴욕으로 가고 싶다며 부모님을 졸라댔다. 본격적으로 바이올린을 공부하겠다는 결심이 선 것이다. 그때부터 줄리아드 음악학교는 그녀의 꿈이 되었고 삶의 목표가 되었다. 시애틀의 콩쿠르를 어렵지 않게 장악하고 세계적인 명교수 도로시 딜레이의 눈에 띈 한국 소녀 제니 배는 기세 좋게 뉴욕으로 향했다. 눈앞에 탄탄대로가 펼쳐진 듯했다.

그러나 뉴욕은 도시의 거대함만큼이나 커다란 시련을 제니 배에게 안겨주었다. 시애틀 최고를 자부했던 그녀의 실력이 한없이 초라해지는 느낌을 맛봐야 했던 것이다. 뉴욕에는 그녀 말고도 세계적인 음악가를 꿈꾸는 젊은이들로 넘쳐났다. 그녀만큼 또는 그 이상의 실력을 가진 촉망받는 예비 음악가들이 둘째가라면 서러울 정도의 매력을 발산하며 내일을 꿈꾸고 있었다. 대도시 뉴욕은 미국의 작은 마을 시애틀에서 온 동양인 소녀의 자신감을 단번에 앗아가 버렸다.

뉴욕에 온 지 6개월이 지났을 무렵 제니 배는 바이올린을 포기해야겠다고 마음먹었다. 부모님 역시 주말도 없이 바이올린에만 몰두하는 그녀가 학창 시절을 마음껏 누리지 못하는 데 대한 아쉬움이 크던 때였다. 그녀가 크게 품었던 꿈이 좌절되지 않을까 하는 걱정이 없었던 것도 아니다. 그러나 슬럼프를 극복해야 할 사람도, 꿈을 꿔야 할 사람도 제니 배였다.

바이올린을 그만두는 것은 문제가 아니다. 오직 행복한 선택을 하길 바란다는 어머니의 조언을 듣고 제니 배는 다시 고민에 빠졌다. 내가 꿈꾸는 행복이란 무엇일까. 지금까지 바이올린을 위해 흘린 땀을 무용지물로 만드는 것이 과연 옳은 일일까. 일주일간의 고민 끝에 그녀는 다시 바이올린을 들며 어머니에게 말했다.

"엄마, 바이올린을 안 하니까 할 게 없어요."

아침부터 저녁까지 언제나 바이올린과 함께였고 그래서 즐겁고 행복했던 제니 배는 이렇게 다시 바이올린을 들었다. 그리고 당당하게 줄리아드 음악학교에 합격했다.

전자 바이올리니스트로 전향하다

물론 그녀가 처음부터 전자 바이올린을 생각한 것은 아니었다. 그녀는 줄리아드 재학 당시에도 줄곧 클래식만 생각했고 가족들도 그녀가 클래식 연주자로 활동하면서 교수로 일하기를 바랐다. 제니 배가 존경하는 인물 역시 독일의 바이올리니스트 안네 소피 무터였다. 그녀처럼 제니 배도 클래식을 연주하면서 후학을 양성하고 싶었다. 그런데 2000년, 그녀의 인생을 송두리째 바꿔놓은 두 번째 사건이 벌어졌다.

도로시 딜레이의 사사를 받으며 착실하게 클래식을 공부하던 그녀는 어느 날 우연히 친구의 소개로 공연 무대에 서게 됐다. 서울 잠실체육관에서 열리는 루치아노 파바로티의 〈한반도 평화 콘서트〉 협연 기회를 얻게 된 것이다. 세계적인 테너 루치아노 파바로티의 공연만으로도 세간의 이목이 집중됐던 이 공연에서 제니 배는 바이올린을 연주하게 되었다. 그런데 문제가 하나 있었다. 공연에서 그녀가 연주해야 할 악기가 클래식 바이올린이 아닌 전자 바이올린이었던 것이다. 전부터 관심은 조금 있었지만 정식 무대에서 전자 바이올린을 연주하는 것은 처음 있는 일이었다. 하지만 제니 배는 이 무대에서 최선을 다해 자신의 기량을 선보였고 그녀의 잠재된 능력을 알아본 파바로티의 매니저가 그녀를 점찍었다. 제니 배의 전자 바이올린과의 인연은 이렇게 시작되었다. 일종의 전향이었다.

　클래식 바이올리니스트를 꿈꿔온 그녀가 전자 바이올리니스트로 전향한다는 것이 쉬운 일은 아니었다. 바네사 메이가 처음 등장했을 때 전자 바이올린을 바라보는 클래식 연주자들의 시선은 따가웠다. 제니 배는 이 같은 냉대를 피할 수 있었을까? 사실 제니 배 역시 그 자신이 클래식을 연주하던 시절에는 전자 바이올린 연주자들을 고운 시선으로 보지 않았다. 심지어 바네사 메이의 연주를 들으며 생각보다 잘하지 못한다고 느꼈다. 이런 생각은 그녀가 클래식 음악을 하는 것에 대한 일종의 심리적 우월감까지 만들어냈다. 그랬던 그녀가 전향이라니, 제니 배는 쉽게 결정을 내릴 수 없었다.

　이때 고민하던 제니 배를 이끌어준 사람은 줄리아드 음악학교의 한

전자 바이올린, 줄리아드 음악학교 학생이던 제니 배에게 이것은 일종의 전향이었다

국인 교수 김진이다. 당시 김진은 매니스 음악학교의 교수였는데 제니 배가 뉴욕에 온 이후부터 사제 간의 정을 쌓으며 그녀의 음악 인생을 전폭적으로 후원해주었다. 도로시 딜레이가 줄리아드 예비학교 교사에게만 허용했던 제자들의 레슨을 특별히 제니 배에 한해 타 학교 교수인 김진에게 허락했을 만큼 두 사람의 애정과 신뢰는 두터웠다.

"음악은 똑같은 음악이다. 같은 음악을 하는데 우열이 어디 있겠느냐. 주변의 이복은 신경 쓰지 말고 네가 꿈꾸는 음악을 향해 가라."

제니 배는 김진 선생의 이 말 덕분에 자신의 인생을 또 한 번 바꿀 수 있었다. 그리고 전자 바이올린을 폄하했던 어린 시절의 생각이 얼마나 편협하고 오만한 것이었는지를 오늘날까지도 실감하고 있다.

전자 바이올린은 소리의 진동을 전자 신호로 바꿔 음량을 크게 증폭시킬 수 있기 때문에 몇천, 몇만의 사람들이 함께 듣고 즐길 수 있다. 그리고 무엇보다 자유로운 분위기와 소리 때문에 대중과 교감하는 데 매우 훌륭한 악기이다. 그녀가 음악을 하면서 무엇보다 소중하게 생각한 것은 바로 대중과의 교감이었다.

이러한 그녀에게 외로움은 가장 큰 적이다. 예전에는 친구들과 마음을 터놓고 이야기하는 시간이 많았지만 이제는 부쩍 늘어난 공연 일정 때문에 그 시간을 모두 연습에 쏟아 부어야 한다. 특히 외국 장기 공연이 많아 가끔씩 연락을 주고받는 친구들조차 점점 연락하기가 어려워지고 있다. 실제로 이 때문에 슬럼프에 빠진 일도 있었다. 하지만 그때마다 그녀는 이를 악물고 다짐한다.

'진짜 성공이라고 말할 때까지 괜찮아. 그럼 제니, 넌 잘할 수 있어. 잘할 거야.'

제니 배, 동양의 소리를 찾다

제니 배가 청중들 앞에 서기 시작했을 때, 음악계는 일제히 바네사 메이로 대표되던 전자 바이올린계에 무서운 신예가 등장했다며 그녀를 환영했다. 하지만 제니 배는 여기에 만족할 수 없었다. 바네사 메이와 같은 연주자가 되기보다는 자신만의 독특한 분위기를 지닌 음악인으로 평가받고 싶었다. 그녀에겐 언제나 새로운 도전이 필요했던 것이다. 특히 다른 전자 바이올리니스트들처럼 비트가 강한 음악보다는 국악을 도입한 음악, 조금 더 동양적인 느낌을 지닌 음악을 연구하는 데 많은 시간을 들였다. 그러다 그녀와 또 다른 인연을 맺게 된 악기가 바로 한국의 전통 악기인 해금이다.

제니 배는 늘 한국의 음악과 악기를 바이올린에 접목할 방법을 고민하며 한국의 많은 전통 악기들을 찾아다녔다. 그러다가 우연히 해금의 소리를 들은 순간, 오랫동안 찾아 헤맨 것을 드디어 만났다고 느꼈다. 그리고 바로 전자 바이올린에 해금을 접목하기 시작했다. 그녀는 바이올린을 해금처럼 연주해보기도 하고 가야금, 거문고, 장구 등 한국의 다른 전통 악기들과 바이올린의 합주를 시도하는 등 많은 실험을 거듭했다. 그리고 한발 더 나아가 2002년 한일 월드컵 당시 총괄 안무를 담당한 무용가인 국수호를 만나 동양의 춤과 음악을 하나씩 익히기 시작했다.

서양 음악을 하고 있고 어린 시절 미국으로 건너가 미국 문화에 더 익숙할 법한 제니 배가 동양의 음악에 탐닉하는 것은 그녀가 바로 한국인이기 때문이다. 그녀는 음식점 사장이 음식 맛을 모르면 안 되듯 동양인인 자신이 동양 음악을 알아야 하는 것은 당연하다고 생각한다. 전자 바이올린을 만나 신비로운 음색의 해금을 접하게 되기까지의 이 모든 과정은 어쩌면 제니 배에게 숙명처럼 주어진 '동양의 소리'를 찾아가는 길이었을지도 모른다.

뉴 페이스 오브 아시아

신비롭고 아련한 음색의 해금과 자유로운 비트를 담고 있는 전자 바

바네사 메이처럼 되는 것보다 자신만의 분위기가 중요하다

이올린의 조우는 대성공이었다. 그녀의 첫 앨범이자 그녀가 만든 새로운 퓨전 음악 〈뉴 페이스 오브 아시아New Face Of Asia〉는 이렇게 탄생했다.

　2005년 첫 앨범을 발표한 그해 겨울, 제니 배는 코엑스 오디토리움에서 열린 세계의 명공연 시리즈 제3탄 '버라지Barrage'에 게스트로 참석해 열정적인 연주를 선보였다. 이 무대는 그녀가 전자 바이올리니스트로서 본격적인 활동을 시작하면서 선 첫 번째 국내 무대였기에 그 의미가 더 컸다. 다음 해인 2006년에는 한국의 가수 더 크로스와 프로젝트 그룹 '더 크로스 앤 제니 배'를 만들어 월드컵 프로젝트 앨범을 출시하는 등 대중과의 교감을 확대하기 시작했다. 특히 2006년에는 독일 월

자신의 존재를 드러내기에 앞서 자리의 의미에 맞는 음악을 어떻게 전달할 것인가를 고민한다

드컵의 마지막 무대인 베를린 오픈 페스티벌에서 아시아를 대표하는 아티스트로서 피날레 무대를 장식해 세계 속에 제니 배라는 이름을 각인시키기도 했다.

2006년 노벨평화상수상자회의의 오프닝 무대도 그녀의 차지가 되었다. 주최 측 대표인 엔조 크루시오 회장의 공식 초청을 받아 간 이 공연에는 세계적인 정치인과 유명인사, 노벨 평화상 수상자는 물론 적십자, 유니세프, 국제원자력기구, 국제평화기구 등 많은 국제 단체들이 참석했다. 이는 한국인 제니 배의 음악과 이름이 '평화의 전령'이라는 새로운 이미지와 맞닿아 있음을 확인하는 자리이기도 했다.

그녀는 이런 뜻 깊은 자리에 초대를 받으면 마음이 한층 숙연해진다. 그녀가 한국인으로서 서는 자리이자 한국을 모르는 사람들에게 자신이 가장 잘할 수 있는 음악으로 한국이라는 나라를 알릴 수 있는 자리이기 때문이다. 하지만 제니 배는 자신의 존재를 드러내기에 앞서 자리의 의미에 맞는 음악을 어떻게 전달할 것인가를 항상 더 많이 고민한다.

그리고 그녀는 이 노벨평화상수상자회의에서의 공연을 계기로 언젠가는 평화를 위한 일을 해보고 싶다는 꿈을 갖게 됐다. 더불어 힘든 삶에 고통받는 사람들을 위해 일하고 싶다는 소망도 품게 됐다. 상처 받은 사람들에게 음악은 아주 좋은 치료제가 될 수 있기 때문이다.

실력은 연습으로 길러진다

제니 배 주위의 사람들은 그녀의 음악이 세련되고 섬세하다고 평가한다. 그리고 이 다재다능한 바이올리니스트와 함께 일하는 것을 즐겁게 받아들인다. 그녀의 이 같은 재능은 사실 그냥 얻어진 것이 아니다.

아침, 제니 배가 제일 먼저 손에 드는 것은 역시 바이올린이다. 하루에 꼬박 다섯 시간을 연습하고, 공연을 앞둔 날에는 거의 하루 종일 바이올린을 손에서 놓지 않는 지독한 연습벌레다. 그녀의 실력은 타고난 것이 아니라 끊임없는 연습으로 길러진 것이다.

그녀가 바이올린을 남들보다 뛰어나게 연주해 누구에게나 인정받는 음악가가 되려고 혹독한 연습을 하는 것은 아니다. 그녀에게 바이올린은 일이기 전에 사랑하는 대상이다. 처음 바이올린 소리를 듣고 감동했던 순간을 언제나 잊지 않으며 연인을 대하듯 바이올린을 연주한다. 이러한 마음으로 바이올린을 꾸준히 연습한 결과 제니 배는 바이올린을 손에 쥐고 채 10년도 되지 않아 줄리아드의 촉망받는 연주자로 등극할 수 있었고, 이제 세계의 무대가 그녀를 원하게 되었다. 그녀의 바이올린 연습은 다름 아닌 사랑의 표현인 것이다.

자신의 모든 것을 바쳐도 아깝지 않을 일을 찾고 그 일에 몰두함으로써 탄탄대로를 달려온 것처럼 보이는 제니 배에게도 어려움은 있었다. 1997년, 한국에 IMF 외환 위기가 밀어닥친 해에 그녀의 아버지는 새롭게 벌인 사업으로 큰 곤경에 빠졌다. 이 때문에 함께 미국에서 지내던 어머니마저 한국으로 돌아가게 되었고 오빠와 자신 중 한 사람은

실력은 끊임없는 연습으로 길러진다

학업을 포기해야 했다. 그녀는 이 시기에 처음으로 일의 간절함, 공부의 소중함을 깨달았고 또 가족이라는 것이 얼마나 큰 힘을 주는지 느낄 수 있었다. 오빠는 동생이 음악을 포기해서는 안 된다며 스스로 학업을 중단하고 취업 전선에 뛰어들었고, 그녀는 오빠에게 용돈을 받아 생활하며 음악을 계속했다. 제니 배는 세계적인 아티스트의 반열에 오른 지금도 당시 이 어려움을 겪지 않았다면 무엇이든 쉽게 포기하는 나약한 인간이 되었을지도 모른다고 생각한다. 그리고 그녀를 위해 자신의 꿈을 잠시 접어야 했던 오빠가 없었다면 오늘의 제니 배도 없었을 것이라는 사실을 한시도 잊지 않고 있다. 용광로 속의 담금질로 표현될 만한 이 인내와 깨달음의 시간이 지금의 제니 배의 한 부분을 이

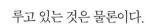

루고 있는 것은 물론이다.

나를 좀 봐주세요

그녀는 지금까지의 삶에서 스승인 도로시 딜레이를 다시 만나던 순간을 특히 생생하게 기억한다. 모두가 이 순간을 행운이었다고 말하지만 이 이면에는 제니 배의 놀라운 끈기와 배짱이 숨어 있다.

도로시 딜레이는 당시 워낙 유명했기 때문에 처음부터 쉽게 만날수 있는 사람이 아니었다. 또 제니 배 외에도 쟁쟁한 학생들을 대하고 있었기 때문에 어지간한 자신감과 재능 없이는 대면할 수 없는 인사였다. 하지만 무작정 기다릴 수는 없었다. 수년 전 여름 캠프에서 그녀의 말에 심장이 떨렸고 그래서 바이올리니스트를 꿈꾸며 줄리아드에 입학한 제니 배였다. 그녀는 도로시 딜레이를 꼭 만나야 했다. 오랜 망설임과 기다림 끝에 그녀는 도로시 딜레이가 레슨을 하고 있는 장소로 무작정 쳐들어갔다. 그리고 이렇게 말했다.

"나를 좀 봐주세요!"

도로시 딜레이에게도 이런 배짱과 끈기를 지닌 학생의 방문은 처음이었다. 덕분에 제니 배는 도로시 딜레이에게 실력에 앞서 그 용기를 인정받을 수 있었다. 그녀 역시 어려워진 형편 때문에 레스토랑 아르바이트를 병행하며 공부해야 했던 시절과 그때의 버거웠던 삶의 무게가 만들어준 배짱이 오늘을 일구는 자양분이 되었다고 생각한다. 이것

바이올린은 일이기 이전
에 사랑하는 대상이다

이 제니 배가 단 하루도 바이올린을 손에서 놓지 않는 힘이다.

제니 배는 스물일곱의 나이에 비해 꽤 많은 것을 이루었다고 해도 과언이 아니다. 그런데 그녀는 아직은 성공이 아니라고 생각한다. 왜냐하면 그녀에게는 진짜 이루고 싶은 꿈이 더 있기 때문이다. 제니 배의 또 다른 꿈은 춤과 노래, 영화처럼 시작과 끝이 하나의 서사로 연결되는, 이를테면 '이야기가 있는 음악회'를 여는 것이다. 물론 전 과정을 그녀가 기획하고 연주할 수 있어야 한다. 그리고 그 날이 꼭 올 것이라고 믿으며 오늘도 다시 한번 힘을 내고 있다.

오랜 외국 생활에도 여전히 한국 음식을 가장 좋아하고 그중에서도 특히 엄마가 가끔 가져다주시는 청국장이 제일 맛있다는 제니 배. 외국 생활 중 김치를 맘껏 못 먹어 힘들 때도 있지만 엄마가 해주시는 청국장을 먹으면 절로 기운이 난다. 이 힘찬 기운 덕분일까? 공연 후 만나는 사람들에게 늘 한국을 소개하고 어쩌다 특별한 공연이라도 있으면 '독도는 한국 땅'이라고 크게 외치는 호기도 부려본다. 친구가 오버하지 말라고 옆에서 어깨를 쿡 찌를 정도다. 하지만 그녀는 자신이 믿고 있는 것을 지키는 데 주저하지 않는다. 중국이나 일본의 악기만 알고 있는 친구들에게 열심히 한국 악기에 대해 설명하는 것도 그녀의 몫이다. 그녀의 할머니가 독립운동가였다는 것은 그저 우연일까.

그녀는 대중이 좋아하는 음악만을 추구할 생각은 하지 않는다. 하지만 자신의 음악을 대중이 좋아할 때까지 주저하지 않고 앞으로 나아갈 생각이다. 쉼 없이, 그리고 배짱 좋게.

제니 배 이메일 youngranbae@hotmail.com
홈페이지 www.jennybae.net

열정

2막

김세민

스리랑카 농축산 장관 직속 수의 보좌관

스리랑카 공중보건의
수호천사

스리랑카에서 사람들 스스로

자신들의 문제점을 찾아내고 해결해나갈 수 있도록

작은 힘을 보태주는 것,

그것이 스리랑카에서의 나의 역할이라고 생각한다.

이는 더 나은 세상을 위한 것이다.

인구 2,000만 명의 스리랑카에는 인구의 다섯 배가 넘는 수의 개들이 살고 있다. 그중 대부분은 예방 접종과 관리를 받지 못하고 떠도는 유기견이다. 스리랑카 사람들은 이 유기견들과 자주 접촉하기 때문에 개가 지닌 갖가지 질병에 노출되어 있으며 특히 광견병에 대한 노출 정도가 심한 편이다. 매년 150명 정도의 사람이 광견병으로 사망하는 스리랑카는 불교를 국교로 삼고 있는 나라지만 이러한 문제 때문에 도살 처분을 내린 적도 있었다. 그러나 도살 처분은 역효과를 가져왔고 개체 수나 광견병으로 인한 인명 피해는 줄어들지 않았다. 더구나 2006년 스리랑카의 대통령이 아예 개들을 도륙하지 말라는 명을 내려, 스리랑카가 벌이는 '개와의 싸움'은 쉽게 해결되지 않을 것으로 예상된다.

그런데 이 싸움의 한가운데 한국인 수의사 김세민이 있다. 스리랑카 전역을 누비며 광견병 퇴치를 위해 온 힘을 쏟고 있는 김세민 덕분에 유기견들에게는 조금씩 보금자리가 생기게 되었고 1년 동안 수천 마리의 개들이 예방 접종을 받았다.

스리랑카에 부는 이 조용한 작은 변화의 바람은 사람과 동물이 어떻게 공존할 수 있는지 보여주는 교과서와 같은 좋은 지침이 되고 있다. 특히 김세민은 2004년 2월부터 개에 대한 백신 접종을 정례화하고, 중성화 수술을 통해 근본적으로 개체 수가 증가하는 것을 막음으로써 스리랑카 농축산 정책 자체를 바꾸는 저력을 발휘했다.

봉사 활동을 삶으로 택한 남자

현재 김세민의 직함은 스리랑카 농축산 장관 직속 수의 보좌관이다. 한국으로 치면 2급 공무원에 준하는 자리로 서른의 나이가 무색할 만큼 막강한 권력과 정책 입안 능력을 가지게 됐다. 30대 초반, 한국의 젊은이라면 이제 막 사회 초년병으로 새로운 환경에 적응해야 할 시기인데 그의 이야기는 딴 세상 남의 나라 이야기처럼 생경하다. 하지만 김세민의 이러한 직위가 그가 처음부터 편하고 안정된 삶을 살아왔음을 의미하지는 않는다. 평범한 수의사로 살 수 있었던 그가 선택한 고난의 길이 오히려 지금의 김세민을 만든 것이다.

그와 스리랑카의 인연은 2003년에 시작되었다. 보통 6년 동안 공부하는 수의사들은 대학을 졸업하고 수의관이 되어 군대의 식품 검역이나 방역 일을 담당하거나 각 시, 도의 공중 수의 보건의로 군 복무를 하게 된다. 그러나 그는 조금 힘들더라도 보람된 일을 하고 싶어 국제협력 분야에 지원했다.

이렇게 국제협력 수의사가 된 그는 다시 국방부에서 단 한 명만을 뽑는 국제협력요원 수의사에 지원했다. 국제협력요원은 외교통상부 산하 한국국제협력단KOICA에서 정부의 공적원조자금ODA으로 개발도상국가에 물적·인적 지원을 위해 파견하는 사람들이다. 그래서 특히 일반 봉사단에서 파견이 어려운 직종인 의사, 한의사, 수의사 등을 대상자로 뽑는 일이 많다. 대체로 군에 복무 중인 이들 전문가는 국방부가 외교통상부에 파견하는 사람들인데 일반 군 복무 기간보다 긴 30

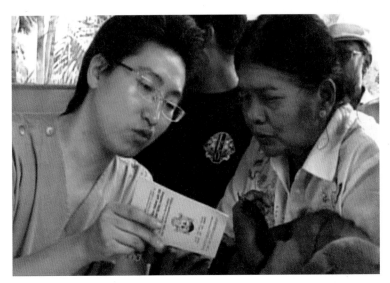

조금 힘들더라도 보람 있는 일이 중요하다

개월의 해외 봉사활동으로 군 복무를 마친다. 그러나 조건이 맞는다고 해서 누구나 지원할 수 있는 것은 아니다. 한국보다 열악한 상황의 개도국으로 가는 일이라 웬만한 마음의 준비를 하지 않으면 안 된다. 다행히 김세민은 2000년 대학원 시절, 몽골에서 자원봉사를 한 경험이 있어 한번 해보자는 결심을 어렵지 않게 할 수 있었다.

2000년 당시 김세민은 문화관광부에서 주최하는 청소년 교류 프로그램을 접할 기회가 있었다. 청년을 포함한 청소년들을 선발해 결연을 맺은 나라의 문화사절단으로 파견하는 이 제도 역시 개도국으로 가는 일이 많았고 마침 그는 몽골로 향하게 되었다. 우연한 걸음이었으나 몽골에서의 경험은 이후 그의 삶에 커다란 지침이 되었다.

그가 몽골에 갔을 때는 한국과 몽골이 수교를 맺은 시기로 몽골의 의료 상황이 특히 열악했다. 그는 몽골에서 주삿바늘을 재활용해 쓰는 모습을 보고 적잖은 충격을 받았고 또 한편으로는 한국 정부에서 주사기 공장을 지어주는 아름다운 모습을 보면서 많은 것을 깨닫게 되었다. 또 무엇보다 국제기구에서 나온 사람들을 만나며 국제협력이라는 것이 무엇인지, 자신은 그 안에서 무엇을 해야 하는지 보고 느낄 수 있었다. 그는 바로 이 경험을 통해 기초적 의료 지식을 갖춘 사람들이 개도국에서 할 수 있는 일이 많겠다는 생각을 하게 되었다. 그리고 특히 동물들로 인한 각종 질병에 무방비로 노출돼 있는 몽골의 상황은 그가 수의사로서 가야 할 길이 어디인가를 가르쳐주는 지표가 되기도 했다.

이후 시간이 흐를수록 김세민의 관심은 점점 개도국으로 향했고, 한국국제협력단이 사람을 뽑는다는 소식을 접하자마자 바로 지원을 결심하기에 이르렀다. 그러나 가고 싶다고 해서 누구나 보내주는 것은 아니었다. 서류전형, 면접, 전공 시험 등을 거쳐 그는 수의사 중 단 한 명만을 뽑는 국제협력요원에 선정됐고, 이어서 해당 국가의 언어를 공부해야 했다. 그런데 문제가 발생했다. 그가 처음 발령을 받은 곳이 중남미의 과테말라여서 그는 열심히 스페인어를 공부했다. 하지만 어느 날 갑자기 스리랑카로 가라는 국방부의 명령이 떨어졌다. 최소 3개월 이상은 현지어와 문화를 공부해야 하는데 막막한 상황이 되어버린 것이다. 그러나 조용하면서도 은근한 고집이 있었던 그는 '안 되면 현지에서라도 하자'고 마음먹고 스리랑카행 비행기에 올랐다. 실제로 김세민은 스리랑카 현지에서 일을 하며 개방 대학을 찾아 공부하고 개인

과외도 받는 등 빠르게 적응해나갔다. 그리고 이렇게 익힌 언어는 그가 스리랑카에서 펼치는 각종 활동을 좀 더 수월하게 해나갈 수 있는 힘이 되었다.

광견병에 조류 인플루엔자까지

첫발을 디딘 스리랑카는 말 그대로 '개들의 천국'이었다. 사람보다 많은 수의 개들이 길거리를 활보하고 있었고 또 그 개들이 사람을 무는 일이 비일비재했다. 더 큰 문제는 광견병이었다. 대표적인 인수공통 전염병에 속하는 광견병은 개와 사람을 분리하고 개들에 대한 백신 접종을 통해 예방을 하는 것이 최선이지만 스리랑카에는 이런 예방 체계가 전혀 수립돼 있지 않았다. 더구나 불교 국가인 스리랑카는 동물 살육을 꺼리는 분위기여서 불가항력으로 늘어나는 개체 수를 손 놓고 바라봐야만 하는 상황이었다.

그리고 또 하나의 문제는 조류 인플루엔자였다. 그가 처음 일을 시작한 2003년 당시는 전 세계적으로 조류 인플루엔자에 대한 위험이 감지되면서 각국이 이에 대한 대처 방안들을 내놓느라 정신없던 시기였다. 당시 농축산 보건청 수의 보좌관으로 일을 시작한 김세민은 세계가 모두 발 빠르게 움직이고 있는 데 반해 어떤 조치도 취하지 못하고 있는 스리랑카의 현실이 너무도 안타까웠다. 그렇다고 자신이 어떤 정책을 내놓을 수도 없는 처지여서 일단 한국의 진단 기법을 들여오는

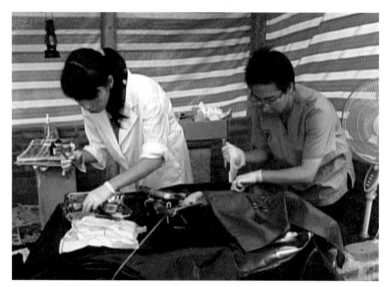

어디에 어떤 처지로 있든 할 수 있는 모든 일을 다하는 것이 의무다

것에 힘을 쏟았다. 단순히 병원에서 현지의 조류들을 살펴보는 것만으로는 부족하다고 판단한 것이다. 마침 수의사가 사장으로 있는 한국의 회사를 찾았고 알음알음 사람들을 통해 지원을 요청했다.

물론 선뜻 답이 오지는 않았다. 하지만 김세민은 포기하지 않고 '안 되면 되게 하라'는 평소의 신념대로 거의 막무가내일 정도로 강도 높게 지원을 요청했다. 그리고 결국 한국으로부터 조류 인플루엔자에 대한 진단 키트와 각종 기술 전수 프로그램들을 들여올 수 있는 길을 열었다. 이렇게 들여온 물품이 모두 6만 달러어치. 한국 대사관도 기뻐한 일이었지만 누구보다 이를 환영한 것은 스리랑카 정부였다. 그동안 아무런 힘을 발휘할 수 없었던 스리랑카 정부는 이 일을 계기로 국가적 대비책을 마련할 수 있었고, 닭 사육이 주된 생활 기반이었던 많은 농가들은 앞 다퉈 진단 키트를 얻기 위해 줄을 섰다.

이 모든 일이 바로 한국인 수의사 김세민 혼자서 진행한 일이다. 더구나 그는 돈을 벌려고 스리랑카에 들어온 것도 아니고 국제협력요원으로 파견된 말 그대로 봉사단원일 뿐이었다. 사실 군 대체 복무로 선택한 일이었기에 김세민 자신도 그렇게 온갖 정성과 열의를 보일 필요는 없었을지 모른다. 그저 시간이 가기를 기다리면서 진료실의 안락한 의자에 앉아 편안히 근무할 수 있었을지도 모른다. 그러나 그는 요행을 바라지 않았다. 자신이 속한 공간이 어디든 자신이 어떤 처지든 할 수 있는 모든 일을 하는 것이 수의사로서 자신의 의무라고 생각했다. 그리고 그의 이 같은 열정은 '농축산부 장관 직속 수의 보좌관' 이라는 이름으로 결실을 맺었다.

스리랑카에 엄습한 공포

스리랑카에 머무는 동안 김세민이 한 일은 단순한 수의 업무만이 아니었다. 2004년 쓰나미가 몰려오던 때, 그는 넉 달여를 구호 캠프에서 토막잠을 자며 구호 활동을 펼쳤다. 심지어 2,500구의 시신을 인양하는 현장에서 각종 방역 작업을 진행하고 각국의 의료진들이 들어올 때마다 다양한 약제에 대한 통관 업무를 도맡았다. 이런 일은 사실 누가 시켜서 하는 일도 아니었고 어쩌면 그의 업무 범위에 속하지 않는 일이었을지도 모른다. 하지만 이 순간 그는 그저 '스리랑카 사람'이었다. 그가 공중보건 전반을 책임지는 자리에 오를 수 있었던 것도 이런 헌신적인 노력이 있었기에 가능했다.

그리고 얼마 전 스리랑카 전역에 흔히 말하는 열병이 돌았다. 위생 상태가 그다지 좋지 않은 스리랑카는 특히 모기가 극성인데 이 모기가 전염시키는 것이 바로 열병이다. 심지어 열병으로 죽은 사람 수가 2,000명이 넘을 정도로 스리랑카 전역은 초토화되었다.

이 현장에서도 김세민의 활약은 단연 돋보였다. 그는 저녁마다 마스크를 쓰고 연막 소독을 나갔다. 구석구석 차가 다니지 못하는 지역까지 일일이 찾아다니며 뿌연 연막을 뿌리는 한국인을 보며 스리랑카 사람들은 모두 '닥터 김 최고'를 연발했다. 또 뚜껑이 없는 우물에 뚜껑을 만들고 우물을 사용하는 지역 사람들에게 어떻게 해야 깨끗한 물을 먹을 수 있는지를 세세히 교육하기도 했다. 더구나 우물은 지하수를 타고 다른 집의 우물까지 오염시키는 일이 많아 대책이 시급했다.

아이들이 건강하게 살 수 있는 나라

김세민은 기생충 퇴치를 위해서도 발 벗고 나섰다. 많은 예산이 필요한 기생충 예방 사업에 스리랑카 정부가 적극성을 발휘하지 못하자, 그가 나서 기생충에 대한 교육을 시행하고 약을 보급했다. 이를 위해 그는 한국의 대한한방봉사단KOMSTA, 약사회 등에 도움을 요청했고

공중보건의가 갖춰야 하는 가장 중요한 덕목은 사람들에 대한 사랑이다

이렇게 마련한 구충제를 학교에 먼저 나눠주도록 했다. 그리고 어린이들을 대상으로 직접 공중보건 교육에 나섰다. 왜 양치를 해야 하는지, 개를 키울 때는 무엇을 주의해야 하는지, 왜 손을 씻어야 하는지, 물은 왜 끓여 먹어야 하는지 등 그가 교육하는 내용은 스리랑카의 아이들에 겐 단순한 보건 상식이 아니라 일종의 '생존 교육' 이었다. 하루에도 2,000명씩 광견병에 걸리고 열병으로 가족을 잃는 아이들에겐 그의 이야기가 곧 살기 위한 지침이기 때문이다. 김세민은 이 과정을 통해 무엇이든 하나씩, 한 걸음씩 변화시켜야 한다는 것을 깨달았다.

그가 스리랑카의 아이들을 교육하기 위해 얼마나 애를 썼는지 잘 보여주는 것이 바로 '교육용 그림' 이다. 프로젝터가 없어 아이들에게 영상을 보여줄 수 없었던 그는 있는 솜씨, 없는 솜씨를 모두 동원해 아이들이 알아보기 쉽게 그림을 그렸다. 말로 하는 것보다 그림으로 보여주는 것이 더 효과적이라는 것을 알고 있었기에 업무가 모두 끝난 시간 자신의 방 한구석에서 마치 어린아이처럼 그림을 그리는 데 열중했다. 사랑이 없으면 할 수 없는 일이었다. 스리랑카의 언론이 그를 두고 '공중보건 수호천사'라는 이름을 붙여준 것도 이런 진심 어린 노력이 있었기 때문이다.

사람과 개, 어떻게 공존할 수 있는가

2005년 11월 축산 보건청에서 농축산부 장관실로 자리를 옮긴 김세민은 조류 인플루엔자 퇴치를 위해 애쓴 공로를 인정받아 장관 직속 수의 보좌관이라는 이름을 얻게 되었다. 이때부터 그의 하루는 더 바빠졌다.

사실 조류 인플루엔자 퇴치를 위해 힘을 쏟으면서도 그가 관심을 놓을 수 없었던 것은 광견병 문제였다. 해마다 150명이 광견병으로 죽어가고 사람 대 개의 개체 수가 1:7이라는 엄청난 상황 속에서 그는 마음이 급했다. 그래서 그가 제일 먼저 도입한 것 역시 광견병 예방 접종이었다. 국가 차원의 프로그램이 없던 백신 사업을 진행한 것이다.

다음으로 진행한 것은 바로 중성화 수술이다. 개의 난소 자궁 적출을 통해 아예 새끼를 낳지 못하도록 하는 것이다. 다른 나라에서는 이미 많이 시행하고 있지만 스리랑카의 열악한 수의 체계에서는 이런 시술 자체가 매우 어려운 일이었다. 문제는 의료 시설이었다. 동네 곳곳마다 동물 병원을 둘 수도 없는 처지였고 또 그 많은 개들을 일일이 농축산부 청사가 있는 콜롬보로 데려올 수도 없는 일이었다.

김세민은 고민 끝에 결국 자신이 직접 찾아 나서기로 결심했다. 마을 야외 한쪽에 간이 시설을 차려두고 직접 시술하기로 마음먹은 것이다. 매주 의료 캠프를 차려놓고 이렇게 시술하기를 몇 년, 그는 모두 5,000번에 가까운 시술을 감행했다. 앞에서도 언급했듯이 도살 처분이 금지되기 전 스리랑카의 개들은 무자비하게 도륙당하는 일이 비일비재했다. 하도 많은 개가 길거리를 배회하자 정부에서는 청산가리를 묻힌 도장을 개들에게 찍었고 거리 곳곳은 즉시 개의 사체로 넘쳐나기 시작했다. 문제는 이것을 본 영국을 비롯한 각국의 언론들이 일제히 비난의 소리를 쏟아낸 것이었다. 심지어 어느 영국인은 50여 마리에 가까운 개를 입양해가기도 했다. 더구나 한 지역의 개가 사라지자 다른 지역의 개들이 넘어오는 일이 발생하면서 개체 수가 줄지 않고 계속 느는 기현상을 낳기도 했다. 그 결과 스리랑카 정부는 무자비한 도륙을 금한다고 공포하기에 이르렀고, 이와 함께 어떻게 사람이 개들과 공존할 수 있는가 하는 숙제를 안게 되었다.

김세민은 오로지 '사람'을 생각했다. 동물을 보호하는 것은 물론이고, 더불어 어떻게 사람의 안전을 지킬 것인가를 고민하던 끝에 중성화 수술을 감행하게 된 것이다. 무엇보다 혼자 힘으로는 감당할 수 없는 상황을 고려해 현지의 수의사들을 교육하는 프로그램을 만들기로

동물 보호와 더불어 어떻게 사람의 안전을 지킬 것인가를 고민했다

했다. 스리랑카에서는 한 해 약 50명 정도의 수의사가 배출된다. 그러나 문제는 복지 등의 문제로 이들 중 절반 이상이 호주, 캐나다 등 다른 나라로 빠져나간다는 것이었다. 당연히 고급 기술을 접할 기회는 점점 사라지고 수의사의 부재로 광견병 피해를 입는 사람의 수는 걷잡을 수 없이 늘어났다.

전국에 221여 개의 수의 보건소가 있으나 전문 인력이 부족해 제대로 운영되지 않는다는 것 또한 문제였다. 방법은 하나. 자신의 휴일을 모두 반납하는 것이었다. 김세민은 지역 시청과 공동으로 주말마다 마을을 다니며 개들을 수술하고 그 방법을 현지의 수의사들에게 가르쳐주었다. 다행히 남아 있는 수의사들은 열심히 배웠다. 이렇게 수술을 마친 개들에 대한 후속 진료를 당부하고 난 뒤 집으로 돌아오는 일이 매주 반복되었다. 결과는 대성공. 250~300여 마리의 개가 주인과 함께 시청으로 몰려들었고 이러한 성과에 대해 시 당국도 놀라움을 감추지 못했다.

닥터 김을 돌려주세요

2006년 1월. 드디어 김세민은 제대하게 되었다. 스리랑카에 벌여놓은 일을 뒤로하고 한국으로 돌아와야 했다. 하지만 돌아와서도 스리랑카의 구석구석을 돌보던 일이 생각나 마음을 잡을 수 없었다. 그때 마침 스리랑카 정부가 그를 다시 찾았다. 스리랑카 정부는 간절한 어조로 이렇게 요청했다.

"그를 돌려주세요, 닥터 김을 돌려주세요."

이렇게 두 달여의 제대 일정을 마치고 그는 다시 스리랑카로 돌아왔다. 김세민은 이 기간 동안 결혼을 하고 아예 전남도청에서 일하던 아내를 데려왔다. 다행히 그의 아내도 같은 길을 가고 있는 사람으로, 이제는 수술 현장마다 아내의 도움을 받을 수 있어 더욱 힘을 얻는다.

김세민은 얼마 전부터 새로운 구상을 하고 있다. 대통령궁에서 이 구상에 대한 발표를 한 후 그는 열아홉 명의 직원을 둘 수 있게 됐고 꽤 넓은 부지와 6억 원의 예산도 확보했다. 수의사 한 달 급여가 20만 원인 나라에서 6억 원이라는 돈은 엄청난 액수다. 그는 이 돈으로 광견병 통제 센터를 운영할 계획이다. 시간이 더 지나면 국립 수의 병원을 만들어볼 계획도 가지고 있다. 이미 세계보건기구WHO에 요청하여 2007년 제네바 WHO로부터 현금과 물자 지원을 이끌어냈고, 스리랑카 정부 역시 '한국-스리랑카 광견병 예방 및 통제 센터' 프로그램을 대통령실에서 직접 추진하기로 결정함으로써 그에 대한 전폭적인 지원을 약속했다. 궂은일도 마다 않고 자기 일처럼 나서는 그에게 지지와 신뢰를 아낄 리 없다.

김세민은 최근 보건부 수의 자문관이라는 또 하나의 직책을 맡았다. 스리랑카 농축산부와 보건부의 공동 공중보건 협력 사업을 외국인인 그가 이끌어가게 된 것이다. 한국인, 그것도 서른이라는 젊은 나이에 김세민은 한 나라의 국책 프로그램을 책임지고 운영하는 자리에 올랐다.

스리랑카인들이 스스로
개선할 수 있도록 도와주
는 것이 나의 역할이다

그가 오늘에 이를 수 있었던 것은 책임감을 가지고 언제나 주인처럼 행동했기 때문이다. 남에게 충분히 지시할 수 있는 작은 일도 마다하지 않고 스스로 그 본보기가 된 김세민. 그는 많은 일을 하고 있지만 오히려 이 일을 통해 자신이 더 많은 것을 배운다는 겸손한 마음을 잃지 않고 살아가고 있다. 그는 다음과 같이 말한다.

"개도국을 지원하는 데 우리가 간과하는 부분이 있다. 운전 교육을 예로 들면 많은 선진국 원조 기관들이 개발도상국가의 운전사에게 운전을 시키는데, 이때 이들 운전자들은 처음 접하는 일에 대한 두려움, 경험 부족, 신기술에 대한 몰이해로 운전이 서툴 수밖에 없다. 이때 선진 원조 기관들은 개도국 운전사들의 핸들을 빼앗고 자신이 직접 능숙하게 운전을 하는 경우가 있는데 그것은 옳지 않다. 시행착오도 많고 일이 느리게 진행되더라도 개도국의 자동차는 결국 개도국의 운전자에 의해 움직여야 한다. 따라서 이곳 스리랑카에서 사람들 스스로가 자신들의 문제점을 찾아내고 해결해나갈 수 있도록 작은 힘을 보태주는 것, 그것이 스리랑카에서의 나의 역할이라고 생각한다. 이는 더 나은 세상을 위한 것이다."

스리랑카 정부 내의 요직에 올라 있는 그에게서 찾아볼 수 있는 것은 권력자의 모습이 아니라 여전히 한결같은 봉사자의 마음이다. 그는 오늘도 이렇게 스리랑카의 한가운데 서 있다.

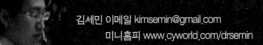

김세민 이메일 kimsemin@gmail.com
미니홈피 www.cyworld.com/drsemin

임형준

유엔 세계식량계획 국제공무원 임형준

빈곤의 땅
라오스에 희망을 심다

RICE
GIFT OF THE REPUBLIC
OF KOREA
WORLD FOOD PROGRAMME
WFP

한 끼의 밥을 위해 불발탄을 찾다

손이 잘리고 발이 끊어지는 사람들을 보며

지금 내가 가진 것에 감사하게 된다.

단 한 톨의 쌀에도 함박웃음을 짓는 그 사람들을

나는 한시도 잊을 수 없다.

가지지 못한 사람들의 고통 속에서

함께 뒹굴고 문제를 해결하려 노력하는 하루하루는

내 인생을 고달프게 하는 것이 아니라 더욱 풍요롭게 한다.

전체 어린이 두 명 중 절반이 만성 영양실조에 시달리는 빈곤의 땅. 아시아의 최빈국 라오스에 희망을 심는 한국인이 있다. 식량 원조와 긴급 구호 활동을 통해 라오스의 절대 빈곤 해결에 앞장선 유엔 세계식량계획WFP 국제공무원 임형준. 그는 혼자만 배부른 세상이 아닌, 모두가 함께 배고프지 않은 세상을 꿈꾸며 유엔 근무를 결심했다. 임형준은 그동안 근무해온 아프리카 기니비사우를 떠나 얼마 전이 배고픈 나라인 라오스로 옮겨왔다.

어린 시절부터 유난히 여행을 좋아하고 즐겨 대학 시절 오로지 배낭 하나 둘러메고 세계 80여 개국을 돌아다녔을 만큼 세상에 대한 그의 동경은 컸다. 휴학을 밥 먹듯 하며 3년 6개월의 시간을 세계 곳곳에서 보낸 그는 이 여행의 경험과 자신의 치열한 노력을 밑거름 삼아 현재 유엔의 정직원이 됐고 이제 세계 속에 한국의 이름을 알리며 일하고 있다.

동남아시아 지역 중에서도 최빈국으로 알려진 공산주의 국가 라오스는 가난한 지역의 경우 보통 추수를 한 뒤 3개월이면 식량이 떨어져 우리나라의 1960~1970년대를 연상케 하는 보릿고개를 겪고 있다. 라오스 사람들은 감자를 캐러 하루 열 시간씩 산을 헤매고 하루 1,000원을 벌기 위해 목숨을 걸고 폭탄을 캐러 다니기도 한다.

임형준은 이러한 빈곤과 위험을 동시에 안고 있는 라오스에서 직접 오지 마을을 돌며 긴급 구호와 복구 활동을 펼치고 있다. 2006년 부임 이후 그는 가난한 라오스 사람들을 위해 농지 개간, 양어장 만들기, 도로, 다리 및 수로 공사 등의 사업을 벌였고 임금 대신 지급하는 푸드

모두가 배고프지 않은 세상을 꿈꾼다

포 워크Food for Work 프로젝트를 진행해왔다. 그가 속한 세계식량계획
은 이렇게 전 세계 빈곤 국가를 찾아가 그들의 자활을 돕고 식량을 원
조하는 일을 담당하는 국제기구다. 라오스의 수도 비엔티안에서 근무
하고 있는 임형준은 여기서 P-3, 한국의 공무원으로 치면 4급 서기관
의 위치에 있다.

배고픈 사람들에게 밥을 주고 싶다

유엔. 전 세계를 직장 삼아 일하는 이곳은 세계의 젊은이들이 동경

영양실조에 걸린 아이들을 구하고 싶다

하는 '꿈의 직장'임이 틀림없다. 유엔에 도전하려는 젊은이들은 다양한 경험을 쌓기 위해 애쓰고, 유엔이 요구하는 자격을 갖추기 위해 외국어 시험을 비롯한 수많은 시험에 응시하는 등 피나는 노력을 하고 있다. 현재 유엔에 근무하고 있는 한국인은 241명. 유엔에 들어가기 위한 경쟁은 상상을 초월한다. 그런데 이런 무시무시한 경쟁을 뚫고 유엔에 들어간다 해도 편하고 안락한 근무 환경에서만 일할 수 있는 것은 아니다.

임형준이 유엔에서 하는 일은 말끔한 정장 차림으로 하루 종일 책상 앞에 앉아 서류를 만지는 것과는 거리가 멀다. 그의 주된 일은 해당 국가 정부에 식량을 전달하고 그것이 주민들에게 제대로 배급되고 있는지 현지에서 점검하고 관리하는 것이다. 또 각 오지 마을을 찾아가 각종 자활 프로그램을 운영하고, 오래전 미국이 뿌려놓은 불발탄을 NGO 단체들과 함께 제거하는 데 앞장선다. 이 불발탄은 오늘날 라오스를 빈곤으로 몰아넣은 대표적인 요인으로, 베트남 전쟁 당시 미국의 융단 폭격이 있었을 때 터지지 않고 그대로 땅에 박혀버린 것들이다.

임형준은 불발탄을 완전히 제거해 안전이 확인된 땅에서 라오스 사람들이 농사를 지을 수 있도록 도왔다. 그 결과, 마을 단위로 조금씩 안전한 땅이 늘고 있으며 경작지 또한 예전에 비해 꽤 많아졌다.

사실 이 세계식량계획 업무는 재난이나 전쟁 지역, 식량이 필요한 최빈국에서 이루어지기 때문에 말 그대로 현장 작업을 일상화해야 한다. 게다가 전 세계에서 손꼽히는 빈곤의 땅에서 각종 전쟁으로 인해 언제든 죽을 수 있다는 각오로 임해야 하다 보니 유엔에 소속된 사람들조차 달가워하지 않는 일이다. 하지만 임형준은 대학 시절 여행을 하면서 굶주린 아이들을 만났을 때 이미 이 일을 결심했다. 배고픈 사람들에게 밥을 주고 그들이 조금이라도 잘 살 수 있도록 돕고 싶다는 바람은 그의 아주 오랜 꿈이었으며 그 결과 유엔의 정직원으로 채용되고 나서도 줄곧 이 세계식량계획에서의 근무를 고수해온 것이다.

모험기만 골라 읽었던 어린 시절

임형준은 특별히 내세울 것 없는 보통의 어린이였다. 다섯 살 때 길을 가다 만난 금발의 서양 여인의 신기한 모습과 버스터미널에서 우연히 만난 흑인을 보고 충격을 받아 뚫어져라 쳐다보았던 기억이 강하게 남아 있을 뿐, 다른 일은 기억나지 않을 정도로 평범한 어린 시절을 보냈다. 다만 외국에 대한 동경이 본능처럼 살아 있어 항상《김찬삼 세계 여행기》라는 책을 뒤적이며 여행에 대한 갈증을 해소하곤 했다. 옷을 벗고 생활하는 아프리카의 흑인들과 브라질 여인들의 열정적인 춤을 소개한 책은 그의 넋을 쏙 빼놓기도 했다. 만화를 고를 때면《두심이 표류기》나《명랑 세계여행》처럼 떠나는 것에 대한 내용을 담고 있는 것만 찾았다.

이 떠남에 대한 막연한 동경은 고등학교 시절 전 세계의 친구를 편지로 만나는 해외 펜팔을 하면서 조금씩 구체적인 외형을 갖추기 시작했다. 사실 그는 중 · 고등학교 시절 공부를 별로 좋아하지 않았다. 대신 어학에 많은 흥미를 가지고 있었기 때문에 어학 관련 과목에서만큼은 뛰어난 실력을 보였고 이 덕분에 해외 펜팔에까지 도전해보게 된 것이다. 그런데 조금씩 펜팔에 익숙해지고 외국 친구들의 답장을 받기 시작하면서 그는 오히려 더 '나가고 싶다'는 열망에 사로잡혔다. 더구나 고등학교 시절 편지를 주고받던 미국인 친구가 직접 자신의 집을 방문하면서부터는 '외국 사람과 얘기하는 것이 별것 아니네' 하는 자신감까지 생겼다.

수많은 밤을 여행에 대한 공상과 꿈으로 지새우던 그는 결국 대학 전기 시험에 낙방하고 다시 도전해 한국외대 루마니어과에 합격했다. 그리고 이때부터 본격적으로 해외여행에 대한 꿈을 실천할 계획을 세

왔다. 당시 '어떻게 살 것인가'를 두고 무수히 많은 밤을 고민했던 그는 '높은 산에 오르면 낮은 곳은 저절로 보인다'는 말을 따라 일단 어디든 나가보자고 결심했다. 더 넓은 세상을 보면 자신의 고민도 저절로 해결될 것이라는 믿음이 있었기 때문이다.

높은 산에 오르면 낮은 곳은 저절로 보인다

정확히 3년 6개월. 그는 무려 세계 80여 개국을 돌아다녔다. 미국을 시작으로 유럽, 아시아, 오세아니아, 아프리카, 중동, 중남미까지 정말 홀린 듯 전 세계를 돌고 또 돌았다. 처음 한두 달, 미국과 유럽으로 떠날 때는 부모님의 도움을 받았지만, 마치 마약에 취한 듯 떠나기를 반복하는 아들에게 부모님은 더 이상 지원을 해줄 수가 없었다. 결국 그는 여행에서 돌아오면 막노동을 해 번 돈으로 다시 떠나고, 또 돌아오면 벽보를 붙여 모은 돈으로 세상 구경을 나가는 일을 반복했다. 그러나가 나다른 곳이 아프리카였다.

임형준은 이 아프리카 여행이 자신의 삶을 송두리째 바꾸는 계기가 되었다고 생각한다. 실제로 그는 많은 사람들이 어디가 가장 좋으냐고 물으면 주저 없이 아프리카라고 대답한다. 인공적이고 인위적인 건물과 조형물이 빼곡하게 들어찬 서구 여러 나라보다 꾸미지 않은 자연 그대로의 모습을 간직하고 있는 아프리카가 그에게는 가장 인상적이었다. 그리고 무엇보다 그는 그들의 가난한 삶을 지켜보며 자신의 인

배고픈 사람에게 밥을 주는 것보다 더 위대한 행동은 없다

생에 대한 새로운 화두를 떠올릴 수 있었다. 뼈만 앙상하게 남은 아이들 수십 명이 자신의 뒤를 쫓아다니며 무언가 바라는 눈빛을 던질 때 말로 표현할 수 없는 비애감을 맛본 것이다. 특히 말라위라는 나라는 오늘의 그를 있게 한 곳이었다.

말라위 여행 당시 그는 한 작은 마을에서 한 줄로 길게 늘어선 사람들을 보았다. 그들은 누군가가 나눠주는 식량 포대를 받기 위해 길게 줄지어 있었던 것이다. 그리고 옆에 있던 하얀색 지프에 쓰여 있는 큰 글씨, 'UN'을 발견했다. 임형준은 그 순간 '아, 저거다'라고 생각했다. 그토록 고민했던 미래의 삶, 3년간의 긴 여행 동안 자신을 괴롭혔던 숙제, '어떤 인간이 될 것인가, 무엇을 할 것인가'에 대한 답을 그 순간 얻은 것이다. 유엔에서 수행하는 일이 무엇인지도 정확히 모르던 시절이었으나 그의 '유엔 동경' 은 이때부터 새로운 꿈으로 자라기 시작했다.

첫 출근 아침, 감행된 여의도 회군

임형준이 대학 4학년이었을 당시 한국은 IMF 외환 위기의 영향으로 극심한 취업난에 시달리고 있었다. 그런데 이 와중에 그는 대기업 입사 시험에 당당히 합격해 주위의 부러움을 샀다. 특이한 해외여행 경험과 'LG 21세기 선발대' 팀 리더로서의 활약, 그리고 〈한겨레〉 칼럼 기고 등의 다양한 이력이 그의 가치를 높인 것이다.

그러나 입사 당일 임형준은 큰 사고를 치고 말았다. 첫 출근을 하는 날, 희망과 기대로 부풀어 있어야 할 시간에 그는 오히려 버스 안의 직장인들을 보며 아무런 희망 없이 저렇게 살아야 하는 것일까 하는 자문을 던지고 있었다. 심지어 버스 안 직장인들의 모습이 좀비처럼 느껴지기도 했다. 그의 내면에선 이미 '이것은 내가 원하는 삶이 아니다' 라고 외치고 있었던 것이다. 그래서 감행한 '여의도 회군'. 출근 당일 임형준은 인사 담당자를 찾아가 "일하지 않겠습니다" 라고 통보했다.

당시 그는 이런 명분을 세웠다.

'내가 갈 곳은 더 먼 보물섬이다. 대충 뗏목이라도 만들어 빨리 가

는 게 능사가 아니다. 나중이라도 제대로 만든 배를 타고 가면 나는 더 빨리 도착할 수 있다.'

그리고 그 배를 만들기 위한 준비의 하나로 국제대학원에 입학했다. IMF 외환 위기가 만든 사회적 분위기에 맞춰 다양한 시도를 하고 있던 국제대학원에서 그는 다행히 여러 가지 혜택을 받을 수 있었고 2년 전액 장학금의 행운까지 얻었다. 이 기간 동안 그의 꿈은 오로지 '유엔 인턴'이었다. 입학 초부터 실로 열정적으로 각 기구에 이력서를 넣기 시작했고 원어민들을 찾아다니며 각종 서류의 내용을 감수받았다. 그러나 기회는 쉽게 오지 않았다. 잠시 '나 정도면, 나만큼 독특한 경력을 가지고 있다면'이라는 희망을 품었지만 유엔의 벽은 생각보다 높았다.

그는 이때 자신의 경쟁 상대는 한국인만이 아니라 세계의 젊은이들이라는 중요한 사실을 깨달았다. 그들에 비하면 자신의 경력은 어쩌면 너무 초라한 것인지도 모른다고 생각한 것이다. 그해 여름, 유엔 인턴 대신 루마니아로 자원봉사를 가게 된 것도 이런 깨달음이 있었기 때문이다. 또 다른 경력을 만들자, 세계가 인정하는 경력을 만들자는 생각에서였다. 그러나 루마니아 자원봉사 역시 만만치 않았다.

그는 루마니아의 '카사 이오아나Casa Ioana'라는 인도주의 비정부기구에 소속되어 수도 부쿠레슈티의 집시들이 주로 모여 사는 빈민가에서 일했다. 이곳에서 그는 장애인 병원 시설을 보수하는 프로그램에 참여해 소위 '국제적 노가다'를 했다. 쓰레기를 치우고 구멍이 난 벽에 시멘트를 바르고 못질을 하고 물건을 나르는, 말 그대로 단순 작업

그는 오로지 개발과 빈민 구제가 필요한 국가에 봉사하는 일에만 관심이 있었다

이었다. 섭씨 40도를 오르내리는 폭염 속에서 그는 누구보다도 이 일을 성실하게 수행했다. 더구나 루마니아어를 전공한 그는 현지의 주민들과도 쉽게 어울리고 대화할 수 있어 이후 봉사자들과 주민들 사이의 가교 역할까지 하게 되었다.

천천히 가더라도 제대로 가자

임형준은 루마니아를 다녀온 뒤에도 한국 정부가 인정하는 능력을 갖추기 위해 외교통상부에서 인턴으로 일했다. 그리고 리더십을 기르기 위해 원우회장을 겸하고 외국학 종합연구소 연구조교 등의 생활을 하며 대학원 1년을 마무리했다. 정말 쉴 틈 없이 바쁘게 지내는 동안에도 그의 최종 목표인 유엔 입성의 꿈을 잊은 적은 단 한 번도 없었다.

이렇게 지내는 사이 그에게 유엔 및 다른 기구의 인턴십 기회가 몇 번 찾아왔다. 독일의 유엔기후환경협약UNFCCC, 미국 워싱턴 변호사협회, 런던 한국통신에서도 요청이 있었다. 하지만 그는 오로지 개발과 빈민 구제가 필요한 국가에 봉사하는 일에만 관심이 있었다. 결국 그는 이 기회를 다른 이들에게 모두 양보하고 '아직은 아니다, 이 길이 아니다'라고 생각하며 자신을 추슬렀다. 이 시간 동안 그는 '천천히 가더라도 제대로 가자'고 다시 한번 다짐했다. 그에게는 언젠가 기회가 올 것이라는 굳건한 믿음이 있었다.

대학원 3학기가 되자 드디어 그에게 낭보가 날아들기 시작했다. 유엔기구 중 무려 다섯 곳에서 그에게 인턴으로 일하겠느냐는 제의를 해온 것이다. 뉴욕 국제연합본부 안전보장이사회UNSC, 스위스 제네바의 국제연합무역개발회의UNCTAD, 오스트리아 빈의 국제연합공업개발계획UNIDO, 동유럽 쪽의 국제연합개발계획UNDP 필드 사무소인 몰도바, 아제르바이잔 등의 쟁쟁한 기구들을 놓고 그는 행복한 고민에 빠졌다.

그는 일단 유엔의 심장부에서 일해봐야겠다는 결심으로 뉴욕 국제연합본부를 선택했다. 그러나 안전보장이사회에서 인턴이 할 수 있는 일은 그다지 많지 않았다. 국제법 관련 문서를 읽고 검토하는 것이 전부였다. 임형준은 과감하게 인턴십 코디네이터를 찾아가 개발 관련 부서에서 일하게 해달라고 요청했고, 그는 경제사회이사국의 지속발전가능분과로 자리를 옮길 수 있었다. 이곳에서 아프리카 개발 문제를 다루는 동안 현장에서 일하고 싶은 마음은 점점 커져만 갔다. 그는 하루라도 빨리 현장에서 뛰고 싶었다.

결국 임형준은 국제연합개발계획 동유럽 책임자를 만나 동유럽 현장에서 직접 근무할 수 있도록 도움을 청했다. 다들 편안하게 일하며 유엔의 분위기를 익히는 것만으로도 충분하다고 생각할 때 임형준은 자신의 신념을 지키기 위해 일부러 궂은일을 찾아다닌 것이다. 이 결과 그는 인턴십 2개월 외에도 한 달을 더 일하며 다음 인턴십으로 알바니아 국제연합개발계획 자리를 약속받게 되었다.

코소보 전쟁이 막 끝난 후의 알바니아는 성한 곳이 한 군데도 없을만큼 모든 것이 처참하게 무너져 있었다. 다 허물어진 시내 설비, 망가진 도로들, 하루도 편치 않았던 전기와 물. 환경은 너무나 열악했고 내

전으로 인해 난민들은 지칠 대로 지쳐 있었다. 그는 여기서 국제기구의 사람들이 무엇을 해야 하고 어떤 도움을 줄 수 있는지 배웠다. 뉴욕 본부의 안락함과는 비교할 수 없는 처절한 현장이 그에게 더 큰 책임을 부여했으며 하루도 편히 쉴 수 없는 현실이 그를 더욱 긴장시켰다. 무엇보다 여기서의 경험은 후에 임형준의 본격적인 유엔 생활에 좋은 자양분이 되었다.

알바니아 근무를 마치고 이어서 간 코소보 출장까지 숨가쁜 한 해를 보내고 나자 어느새 대학원 막바지에 다다랐다. 한국으로 다시 돌아온 그는 다시 한번 큰 고민에 빠졌다.

내 인생의 승부수

여러 곳에서 인턴십 경험을 쌓았으나 임형준은 더 이상의 방법이 떠오르지 않았다. 이렇게 경험만 쌓다 말 것인가, 어떻게 살아야 하는가에 대한 고민이 극에 달했다. 그러다 문득 이제는 좀 쉬고 싶다는 생각이 들어 느닷없이 한국문화예술진흥원에 응시해 300대 1의 경쟁률을 뚫고 합격했다. 그리고 여기서 1년 6개월 동안 평범한 직장인으로 지냈다.

그는 이 잠깐의 시간 동안 결혼도 하고 한 군데 정착해 평범한 생활을 하기로 결심했다. 하지만 이 결심은 오래가지 못했다. 어느 날 '왜 이곳에 있는가'라고 자문한 그는 끝내 이 질문에 대한 명확한 답을 찾

'나는 왜 여기에 있는가'
하는 자문은 또 다른 나를
발견하게 한다

지 못했다. 이렇게 다시 고민에 빠진 그는 인도네시아 발리에서 휴가
를 보내던 중 또 다른 발견을 하게 되었다. 그것은 바로 국제기구 초급
전문가JPO 시험이었다. 그는 일종의 승부수를 던지는 심정으로 이 시
험에 응시했다.

'붙으면 하늘이 나를 부르는 것이고, 아니면 이렇게 문화예술을 일
구는 일을 하며 살라는 것이다.'

더구나 당시 그의 나이 시른. 국제기구 초급전문가 시험 응시 사격
도 그해가 마지막이었다. 접수 마감일, 공항에 도착하자마자 그는 휘
몰아치듯 서류를 준비해 응시했고 1차(TEPS)와 2차(면접, 영어 인터뷰,
영어 작문) 시험을 차근차근 준비했다. 다행히 직장 생활 중에도 영어
에 대한 감각을 잃어버리지 않으려고 주말마다 스터디 그룹에서 공부
를 한 것이 주효했다. 결과는 수석 합격이었다.

이 국제기구 초급전문가는 개별 국가들이 선발해 국가 예산으로 유엔에 파견하는 직원들이다. 한국에선 1996년을 기점으로 매년 다섯 명가량을 선발해왔는데 바로 이 다섯 명 안에 든 것이다. 이들은 근무하는 2년 동안 유엔의 정직원과 똑같은 대우를 받으며 유엔의 업무를 수행한다. 임형준은 평소의 소원대로 개발과 빈곤 구제가 시급한 온두라스로 발령을 받았다.

국제기구 초급전문가로 1년을 보내며 임형준은 이렇게 2년을 채우고 다시 한국으로 돌아갈 수는 없다는 의지를 불태웠다. 그리고 적극적으로 이 난제를 풀기 위해 팔을 걷어붙였다. 유엔은 빈자리가 생기면 일단 내부에서 그 충원 인력을 찾는 관행이 있다. 따라서 '로스터 roster'라고 하는 가용 인력 명부에 자신의 이름을 올려놓는 것이 무엇보다 중요했다. 이때는 경력, 업무 및 언어 능력, 추천인의 평가 등을 참고로 하게 되는데 그는 이러한 조건들을 무사히 만족시키고 몇 곳의 명부에 이름을 올렸다. 이 조건들 중 가장 중요한 것은 상급자의 평가다. 그는 열심히 일하는 모습을 꾸준히 보여준 것은 물론 기대 이상의 빼어난 성과를 냄으로써 국제기구 초급전문가로 일하는 2년간 좋은 평가를 받을 수 있었다.

임형준은 한국인들은 강한 뚝심과 의지를 가지고 있고 사람의 마음을 읽는 능력이 뛰어나 언제 어디서 어떤 사람을 만나도 그 사람을 자기 편으로 만들 수 있다고 생각한다. 물론 가장 중요한 것은 실력을 인정받는 일이다. 아무리 상급자가 추천을 잘 해줘도 능력이 뒷받침되지 않으면 결과는 장담할 수 없다.

실제로 그가 국제기구 초급전문가로 2년을 마치고 유엔의 정직원으로 발령받던 때, 세계 각국의 국제기구 초급전문가 동기 열여섯 명 중 단 네 명만이 정직원에 채용되었다. 바늘구멍 같은 전쟁터에서 살아남은 것이다.

간절히 원하면 반드시 이루어진다

이렇게 2년 2개월 동안의 온두라스 생활을 마친 후 임형준은 초급전문가가 아니라 유엔의 정식 직원으로서 아프리카 기니비사우로 떠났다. 2004년 국제연합개발계획 인간개발보고서에 따르면 기니비사우는 세계 177개국 중 172위로, 세계 최빈국 중 5위 안에 들 정도로 열악한 조건을 가진 나라다. 또 각종 통계(유아 사망률, 문맹률, 영양실조 비율, 일인당 국민소득 등)에서도 세계에서 가장 어려운 나라로 꼽힐 만큼 사회, 경제, 문화 모든 면에서 보통의 생활을 영위할 수 없는 상황이다. 그리고 현재 그가 일하는 동남아의 라오스 역시 열일곱 개 주 가운데 일네 개 주가 유엔의 식량 원조를 받고 있는 나라다.

그래도 그는 유엔의 옷을 입고 어려운 이들을 도울 수 있는 지금이 행복하다. 한 끼의 밥을 위해 불발탄을 찾다 손이 잘리고 발이 끊어지는 사람들을 보며 지금 내가 가진 것에, 오늘 살아 있음에 감사하게 된다. 무엇보다 그는 대학 시절 여행 중 보았던 말라위 사람들의 얼굴과 같은 얼굴을 매일 볼 수 있기 때문에 더욱 행복을 느낀다. 그는 단 한 톨의 쌀에도 함박웃음을 짓는 그 사람들을 한시도 잊을 수 없었다. 가

어려운 이들을 도울 수 있는 지금이 행복하다

지지 못한 사람들의 고통 속에서 함께 뒹굴고 문제를 해결하려고 노력하는 하루하루는 임형준의 인생을 고달프게 하는 것이 아니라 더욱 풍요롭게 한다.

간절히 원하는 것은 반드시 이루어진다. 이것은 임형준이 유엔 입성을 소망하며 언제나 되뇌었던 말이다. 그는 심지어 인턴십 기간 중 유엔 본부의 청소부를 보면서도 부러워했다.

'나도 정직원이 되고 싶다. 나도 유엔의 옷을 입고 싶다.'

그의 소망은 마침내 이루어졌다. 하지만 그의 오늘이 더욱 빛나는 이유는 따로 있다. 그것은 임형준이 가장 어렵고 힘든 사람들을 찾아다니는 세계식량계획에서 일하고 있고, 그 일을 끊임없이 소망했으며,

오늘까지도 그 선택에 행복해한다는 것이다. 쌀 한 톨의 소중함, 밥 한 끼의 눈물겨움을 임형준은 세계를 누비며 한국인의 이름으로 설파하고 있다.

임형준 이메일 lgy8282@hotmail.com
홈페이지 www.freechal.com/jpo

길일남

코라오 그룹 에너지 개발 담당 이사

정글을 누비는
자트로파 사나이

외국에서 살아가기 위해서는

그 나라에 철저히 동화되어야 한다.

그들과 동화하지 못하면 그들을 느낄 수 없고

그들을 느끼지 못하면 아무것도 아니다.

사업도 마찬가지다.

그 나라를 사랑하는 마음으로 그 나라를 받아들여야 한다.

사랑하는 마음이 없으면 이해하지 못하고

이해하지 못하면 사업하기 어렵다.

인도차이나 반도 내륙의 작은 나라 라오스. 동남아시아 국가 중 최빈국이라 불릴 만큼 경제적으로 큰 어려움을 겪고 있는 라오스는 최근 바이오 에너지 강국으로 거듭나기 위한 야심 찬 프로젝트를 진행 중이다. 그 프로젝트의 핵심은 바로 자트로파. 최근 바이오 디젤 원료로 급속하게 부상하고 있는 자트로파는 신의 선물로까지 불리는 식물로, 화석 연료의 고갈로 새로운 대체 에너지 확보가 중요해진 오늘날 세계적인 관심을 받고 있다.

라오스는 특히 2004년 11만 톤이던 경유 소비가 2005년 32만 톤, 2006년 50만 톤으로 가파르게 상승하고 있어 자트로파와 같은 대체 에너지 개발이 시급한 상황이다. 더구나 정유 시설이 없어 석유류 수입으로 인한 무역 적자가 해마다 큰 폭으로 뛰고 있는 현실에서 이 자트로파에 대한 라오스 정부의 관심은 어느 때보다 높아 최우선의 국책 사업으로 책정되기도 했다.

자트로파는 원래 라오스 사람들이 울타리용으로 심어왔던 흔한 식물이다. 이파리와 열매에 기름을 잔뜩 담고 있는 이 식물은 그 기름 덕분에 벌레가 꼬이지 않고 또 긴 생명력을 지니고 있어 라오스 곳곳을 상식해왔다. 이것을 통해 미래 에너지를 만들어낼 수 있을 줄은 아무도 몰랐다.

대표적인 유지 식물인 자트로파에서 추출한 기름을 알코올과 혼합하면 매우 훌륭한 바이오 디젤이 된다. 유럽의 유채꽃 기름, 중국의 콩 기름처럼 자트로파 역시 우수한 품질이어서 라오스뿐 아니라 아시아의 인도, 태국, 미얀마 등 자트로파가 나는 국가에서도 대체 에너지 생

라오스의 국책 자트로파 사업의 책임자는 한국인이다

산에 열을 올리고 있다. 무엇보다 병충해에 강한 자트로파는 심은 뒤 8개월이면 수확이 가능하기 때문에 생산성은 이미 보장된 것이나 다름없다.

　더욱 놀라운 것은 그 중심에서 자트로파 생산을 위해 밀림을 개척하고 있는 사람이 바로 한국인이라는 것이다. 동남아시아의 대표적 한상韓商 코라오 그룹의 에너지 개발 담당자로 일하고 있는 길일남 이사. 그는 자트로파를 이용해 대체 에너지 개발의 꿈을 이룰 뿐만 아니라 라오스 국민들의 가난까지 구제하겠다는 원대한 소망을 가지고 있다. 이름하여 '라오스판 새마을 운동'을 일으켜보고 싶은 것이다.

사람을 사랑하는 심성의 소유자

라오스 자트로파 사업을 총괄하고 연구하는 반동 농장의 길일남 이사. 대량 재배를 위한 수차례의 실험 끝에 잎과 가지가 풍성하고 싱싱한 꽃을 맺는 정상적인 자트로파를 재배할 수 있게 한 그는 지난 2003년 처음 라오스에 발을 디뎠다.

한국 ROTC 출신인 그는 6년이 조금 넘는 기간 동안 군에서 생활했다. 제대한 후 독일과 장비를 거래하는 외국인 회사에서 10년 정도 일하고 있던 와중에 IMF 외환 위기가 찾아왔다. 결국 회사를 그만두게 된 그는 작은 공장을 하나 차려보기로 마음먹지만 사업 역시 쉬운 일이 아니었다. 이렇게 무엇 하나 마음대로 되지 않던 어느 날 초등학교 1학년이던 아들에게 청천벽력 같은 일이 생겼다. 어린 아들이 백혈병에 걸린 것이다. 늦게 얻은 소중한 아들에게 찾아온 이 불행 때문에 그는 그대로 발이 묶였다. 아들의 병원 치료만을 위해 몇 년의 시간을 보내야 했던 것이다.

그러던 중 다시 함께 일해보자는 주변의 권유로 그는 라오스에 자동차 부품을 판매하는 일을 시작했고 이곳에서 우연히 코라오라는 회사를 알게 되었다. 그의 가능성을 알아본 코라오의 경영자는 그에게 같이 일해보자고 제안했고 이러한 연유로 그는 2년 동안 해외 비즈니스 파트에서 일하며 라오스의 곳곳에 대해 알아가기 시작했다.

이렇게 몇 년이 지나는 동안 회사는 자트로파에 관심을 가지며 그 일을 담당할 적임자로 길일남을 지목했다. 코라오의 경영진은 특히 그가 '사람을 사랑하는 심성'을 가졌다는 것에 주목했다. 하루에도 수백 수천의 사람들을 진두지휘하며 벌목하고 옥토를 만들어야 하는 일이다 보니 커뮤니케이션 능력이 가장 중요했다. 그리고 코라오의 경영진은 무엇보다 그 커뮤니케이션의 바탕에 사람들을 아끼고 사랑할 줄 아는 마음이 깔려 있어야 큰일을 해낼 수 있다고 판단했다. 이런 면에서 길일남은 가장 훌륭한 적임자였다. 삶의 굴곡을 직접 겪어본 그는 누구보다 따뜻하게 사람들을 안을 줄 알았다. 그는 지금도 라오스의 사람들을 보면서 오래전 고향의 시골에서 만났던 촌로들을 떠올린다. 굽은 손과 까만 얼굴을 하고 있지만 맺힌 마음 없이 누구보다 선량하게 웃을 줄 아는 사람이 바로 라오스 사람들이기 때문이다.

착한 얼굴의 사람들과 여는 하루

그는 이 착한 얼굴의 사람들과 벌목장에서 하루를 시작한다. 라오스는 국토의 80퍼센트가 정글로 이루어져 있어 나무가 매우 많지만 이 나무들은 생산성이 그다지 높지 않다. 국가의 주된 생산 기반도 농업이어서 무엇을 새로 시작할 엄두를 내지 못하고 있었다. 그는 먼저 이 정글을 개간하는 일부터 시작했다. 잡목들로 이루어진 정글을 개간하여 쓸모있는 자트로파 나무를 심는 것이다.

1,000~2,000명의 사람들이 이 일을 하기 위해 아침부터 줄을 선다. 농사일 외에는 다른 수입원이 없는 지역 사람들은 이 새로운 일이 자

신과 가족을 먹여 살리고 있다는 생각에 하루가 멀다고 먼 길을 걸어 찾아온다. 처음 정글을 개간할 때는 많은 고비가 있었다. 가장 큰 문제는 '웬 외국인이 와서 나무를 베라고 하는가' 하는 원초적인 의구심이었다. 돈은 제대로 주는지, 일을 할 수는 있을 것인지 등 의심이 많았던 사람들은 마을의 나이반(이장)들이 아무리 설득을 해도 선뜻 나서지 않았다. 하지만 이제 1,000명이 넘는 사람들이 매일 아침 일을 하러 스스로 찾아올 만큼 규모가 커졌다.

이렇게 사람이 많아지자 또 하나의 문제가 생겼다. 바로 안전사고에 대한 우려가 높아진 것이다. 더구나 라오스는 성인의 절반 가량이 글을 읽지 못하는 문맹 국가여서 사소한 일에도 오해가 생기는 경우가 많았고, 심지어 하루의 반을 계약된 내용을 설명하는 데 보내기도 했다. 결국 길일남 이사와 코라오는 이 문제를 해결하기 위해 아예 학교를 세우기로 결정했다. 모르면 가르쳐서 해보자는 생각에서다. 라오스의 야학 '반동 학교'는 이렇게 설립됐다. 돈을 버는 것도 중요하지만 돈 이전에 이들은 함께 더불어 살아야 할 사람들이었다. 가르치고 배우는 일은 더불어 사는 삶에서 돈보다 더욱 시급하고 중요한 일이었다.

벌목장에서는 각 조장들의 지휘하에 하루 목표량만큼 나무를 벤다. 건기 동안 한낮의 기온이 40도를 넘나드는 살인적인 더위 속에서 길일남 이사는 수많은 산을 오르내리며 조장들에게 새로운 지시를 내리고 작업이 진행되는 과정을 살핀다. 경우에 따라서는 다친 사람을 업고 뛰기도 하고 직접 낫과 톱을 들고 나무 베는 일에 동참하기도 한다. 특히 라오스 사람들은 가난한 살림 때문에 일할 때 신는 운동화 한 켤

개발해야 할 정글은 라오스에 산재해 있다

레를 구하지 못하고 집에서 신던 슬리퍼를 그대로 신고 나오기 일쑤다. 이런 사정으로 일을 하다가 발을 다치는 경우가 많기 때문에 응급처치의 달인이 된 길일남 이사가 곳곳에서 붕대를 싸매고 지혈을 하는 모습을 어렵지 않게 볼 수 있다.

길일남 이사가 개발하고 있는 잡목 정글은 라오스에 산재해 있다. 이렇게 잡목이 많은 이유는 농지를 개간하기 위해 마구잡이로 나무를 베어내고 2~3년 후에 다른 곳으로 이동하는 화전민의 습성 때문이다. 이러한 땅에서 잡목을 거두고 자트로파를 심는 것이다.

이렇게 수십 일 동안 베어낸 나무는 비가 오기 전에 태워야 한다. 이름하여 불 놓기. 본격적으로 식목을 하기 일주일 전이나 열흘 전쯤에

불을 놓는다. 먼저 나무를 벤 곳에 미리 불을 놓으면 다시 잡목이 올라오는 일이 많아 가능하면 한꺼번에 불을 놓는다. 한 지역에 최소 수십만 평 정도의 벌목지에서 불이 오르는데 그 소리도 소리거니와 워낙 말라 있던 나무들이어서 활활 타올라 장관을 이룰 때가 많다. 다만 불을 놓는 것은 아무나 할 수 없는 위험한 일이어서 기술을 가진 사람들만 접근해 불을 놓는다. 10미터 간격으로 떨어져 동시에 불을 놓게 되면 이후 20~30미터의 높이로 불이 오르고 그 불은 며칠 동안 쉼 없이 타오른다. 라오스의 수목들은 수분을 많이 함유하고 있는 수종들이라서 산 전체로 불길이 확산되는 일은 없다.

이렇게 불을 놓은 땅에 열흘 정도 지나 거름을 주고 드디어 자트로파를 심는다. 길일남 이사가 속한 코라오는 이곳에 심을 자트로파를 위해 별도의 묘목장을 마련해두고 있다. 현재 작게는 3만 평에서 크게는 6만 평의 묘목장에서 자트로파가 자라고 있다.

묘목을 만들 때는 보통 씨앗을 바로 심는 방법이나 꺾꽂이를 하는 방법을 사용하는데, 동남아 지역에서 꺾꽂이는 워낙 생소한 기술이어서 직접 공부해가며 현지 직원들을 가르치는 것 또한 큰일이다. 매일 묘목장으로 출근하는 200여 명의 현지 직원들은 이 묘목이 잘 자랄 수 있도록 풀을 뽑아주고 물을 주며 관리한다. 길일남 이사는 일주일에 한 번씩 이곳을 돌며 묘목이 자라는 것을 보고 이후의 식목 계획을 세운다. 자트로파는 파종 후 약 2개월만 자라면 바로 식목을 할 수 있을 정도로 성장이 빠른 식물이다.

라오스판 새마을 운동

앞으로 코라오는 자트로파 묘목을 기르고 심는 일을 회사 차원에서만 진행하는 것이 아니라 라오스 국민 전체가 참여할 수 있도록 할 계획이다. 라오스의 경제 자립을 위해서다. 길일남 이사가 묘목장에서 현지의 직원들을 가르치고 벌목 현장에 조장들을 배치해 직접 지휘할 수 있는 일의 범위를 넓히는 것도 모두 배워서 스스로 할 수 있는 길을 열어주기 위해서다. 그는 실제로 이 자트로파를 심고 가꾸는 일이 앞으로 라오스 국민 전체를 먹여 살리는 또 하나의 '라오스판 새마을 운동'이 될 것이라고 믿는다. 그리고 그 조짐은 벌써부터 나타나고 있다.

현재 벌목장을 개간하고 자트로파를 심는 사람들의 한 달 수입은 약 60달러 수준. 이것은 라오스에서 대학을 졸업한 사람의 한 달 평균 임금에 해당한다. 그만큼 일용직으로 일하는 이 사람들의 수입은 상당한 수준이어서 라오스 사람들의 관심이 점차 높아지고 있다. 더구나 이후 자트로파를 수확해 실제 바이오 디젤 연료로 만들어 수출하게 되면 세계 최빈국 라오스는 새로운 경제 부흥의 전기를 마련하게 될 전망이다. 이 큰 프로젝트의 핵심에 바로 길일남 이사가 있는 것이다.

라오스는 산업 기반이 조성되지 않은 국가다. 젊은이들이 일할 수 있는 직장도 충분하지 않기 때문에 대부분의 사람들은 식량을 자급자족하는 정도에서 직업 없이 하루하루를 보낸다. 자트로파 사업은 이들

자트로파 묘목을 기르는 사업에 라오스 국민 전체가 참여할 계획이다

에게 일거리를 제공하고 삶의 기반을 제공하는 것이다. 특히 자트로파 사업은 1~2년의 짧은 기간 동안 진행할 수 있는 사업이 아니기 때문에 라오스 국민들에게는 오랜 기간 동안 일할 수 있는 안정된 일터를 마련해주는 것이다. 길일남은 이것이야말로 한국의 새마을 운동보다 못할 것이 없다고 생각한다. 국민 모두가 잘살게 되는 운동, 이것이 길일남이 꿈꾸는 라오스판 새마을 운동이다.

그가 벌이고 있는 이 자트로파 사업의 또 하나의 의미는 이것이 바로 몽족을 살리는 프로젝트이기 때문이다. 대부분의 몽족은 베트남 전쟁 당시 미국을 지원했다는 이유로 현재 사회주의 국가인 라오스에서 신분증 하나 없이 쫓기는 삶을 살고 있다. 이렇게 떠돌다 보니 그들은

자트로파 사업은 라오스 국민들에게 일거리를 제공하고 삶의 기반을 제공하는 것이다

눈에 띄지 않게 산속에서 화전을 일구며 살 수밖에 없었고 안정된 삶은 꿈조차 꾸지 못했다. 한 마디로 라오스 속의 고립된 섬 같은 존재들이었다. 길일남 이사는 이들에게도 다른 라오스 사람들과 같이 동등한 기회를 주었다. 그리고 아예 회사 차원에서 땅을 제공해주고 나무를 가꿀 수 있도록 방법을 찾았다.

이렇게 모여든 몽족 사람들은 처음엔 열 명에 불과했으나 지금은 1,000명 규모로 늘어났다. 지역마다 마을을 이룰 수 있을 만큼 제법 큰 규모로 성장한 것이다. 더욱이 그들은 오랜 기간 산에서 생활해온 덕분에 산을 개간하고 자트로파를 심는 데 가장 좋은 일꾼이 돼주고 있기도 하다.

라오스에서 행복을 찾다

자트로파를 심는 일을 하는 데 가장 힘든 점은 모든 과정을 수작업으로 진행해야 한다는 것이다. 기계 영농이 아예 불가능한 작물이다 보니 하나부터 열까지 모두 사람의 손을 거쳐야 한다. 길일남 이사는 바로 이러한 면에서 자트로파가 라오스에 가장 맞는 식물이라고 생각한다. 누구보다 착하고 성실한 라오스 사람들의 성향과 딱 맞아떨어지기 때문이다. 그는 열심히 일할 수 있는 충분한 여건을 가지고 있으면서도 그동안 라오스가 최빈국의 딱지를 달고 있었던 것은 적절한 일감을 찾지 못했기 때문이라고 본다. 그런 의미에서 자트로파는 라오스 사람들의 일하고 싶은 욕구를 맘껏 펼치게 해준 좋은 자원이 된 것이다.

현재 그는 라오스의 수도 비엔티안 주와 사반나케트 주, 짬파삭 주 등 모두 네 개 지역에서 20만 헥타르 이상의 밀림을 개간하고 있다. 이 중 지금까지 개간이 완료된 지역은 목표 지역의 10분의 1 수준으로 앞으로도 갈 길이 멀다. 워낙 바쁜 생활을 하다 보니 숙소가 있는 비엔티안으로 가는 날은 일주일에 고작 하루 정도다. 나머지는 모두 현장 근처의 임시 숙소에서 머문다. 현지 직원들과 함께 머무는 이곳에서 그는 모기장 하나만 치고 모든 숙식을 해결하고 있다. 이렇게 고단한 생활의 연속이지만 길일남 이사는 몇 달 후 개간한 땅에서 푸르게 자라날 자트로파를 생각하면 가슴이 뛴다. 그리고 이런 꿈 덕분에 하루의 고단함이 모두 날아간다.

한국에서 가족들과 함께 라오스로 건너온 다른 직원들과 달리 그는 혼자 생활하고 있다. 현재 완치가 되었다고는 하나 언제 다시 발병할지 모르는 아들 걱정에 가족들을 모두 라오스로 데려오기가 힘들기 때문이다. 이런 사정으로 웬만한 한국 음식은 스스로 만들 수 있을 만큼 그는 혼자 생활하는 데 익숙해졌다. 그러나 이렇게 한국 음식을 해먹는 것은 한 달에 겨우 서너 번. 나머지는 모두 현장에서 해결해야 한다. 언젠가 함께할 가족들을 생각하며 오늘의 힘겨움을 행복으로 느끼면서 살아가고 있다.

길일남 이사는 특히 가장 스스럼없이 현장 사람들과 어울리는 한국인으로 통한다. 물론 처음엔 손으로 밥을 먹는 라오스 사람들의 풍습

이제 그는 라오스 사람이라고 해도 믿을 만큼 능숙한 손놀림으로 밥을 먹고 이야기를 나눈다

이 낯설어 어려움이 많았다. 하지만 길일남 이사는 라오스 사람들과 그들의 오랜 풍습을 존중하는 마음으로 이제는 라오스 사람이라고 해도 믿을 만큼 능숙한 손놀림으로 밥을 먹고 이야기를 나눈다. 이런 그의 모습은 현장의 직원들은 물론 일용직으로 나온 사람과도 금방 벽을 허무는 데 도움이 되었다. 사람을 좋아하고 사랑하는 그의 심성을 알아본 코라오 경영자의 예감은 적중했던 것이다.

　하지만 그는 오히려 라오스 사람들이 자신에게 행복을 주었다고 생각한다. 일하는 행복, 그리고 무엇보다 즐겁게 일하는 행복을 안겨주었다고 믿는다. 작은 일에도 행복해하고, 음식이 부족한 사람에게 자신의 음식을 나눠줄 줄 아는 라오스 사람들과 함께 라오스의 미래를 만들어간다는 사실이 그는 너무도 뿌듯하고 행복하다.

가슴에 품은 희망의 씨앗

자트로파를 심는 일처럼 길일남도 자신의 행복을 라오스에서 일구기 시작했다. 비록 떨어져 지내고 있지만 가족이라는 존재가 언제나 자신을 지탱해주는 힘이 되고 있는 것처럼, 라오스의 사람들 역시 그와 함께 행복을 일구며 한 가족처럼 지내고 있다. 많은 사람들을 통솔해야 하는 그에게 리더십이란 그래서 사람과 사람의 마음을 잇는 일이다.

길일남은 외국에서 살아가기 위해서는 그 나라에 철저히 동화되어야 한다고 생각한다. 그들과 동화하지 못하면 그들을 느낄 수 없고 그들을 느끼지 못하면 아무것도 아니라는 게 길일남의 생각이다. 사업도 마찬가지다. 돈을 벌 목적으로 그 나라에 갔더라도 돈 외에 그 나라가 가진 모든 것을 혹은 가지지 못한 모든 것을 돌아볼 수 있어야 한다. 이것이 바로 사랑의 마음이다. 그 나라를 사랑하는 마음을 가지고 그 나라를 받아들여야 한다. 사랑하는 마음이 없으면 이해하지 못하고 이해하지 못하면 사업하기 어렵다. 빈곤의 땅 라오스에 자트로파를 심으면서 라오스 사람들에게 일자리를 제공해주는 실력자가 아니라 함께 땀을 흘리고 함께 희망을 일구는 일꾼의 모습으로 다가가는 이유도 바로 이 때문이다.

라오스 사람들과 함께 땅에 불을 놓고 묘목을 심으면서 길일남 이
사는 언제나 한결같이 열심히 잘 하자는 생각으로 하루하루를 보낸다.
열심히 하는 것만으로는 잘 될 수 없다. 그러니 열심히 '잘' 해야 한
다. 아무리 열심히 일을 해도 잘못된 방향이라면 소용없다. 늦은 밤 홀
로 잠을 청할 때마다 길일남은 이 말을 항상 가슴에 새긴다. 초심을 지
키기 위해서다. 내가 하는 일이 올바른 방향으로 가고 있는지, 사업적
으로 도덕적으로 모두 잘 해내고 있는지 두루두루 살피는 일도 잊지
않는다. 따뜻한 심성을 가진 사람이지만 이때만큼은 냉정하다. 자신을
믿고 라오스의 미래를 함께 일궈가는 사람들의 얼굴을 떠올리면 일하
며 흘린 땀방울 하나도 허투루 다룰 수 없다. 길일남은 자신이 가슴에
품은 희망과 라오스의 사람들이 키우고 있는 희망이 서로 같은 것이라
믿고 있다. 그리고 그들의 희망을 무너뜨리지 않기 위해 오늘도 꿋꿋
하게 마음을 다진다.

정글의 사나이 길일남 이사는 최근 새로운 일을 하나 시작했다. 바
로 라오스 아이들을 위해 초등학교에서 영어를 가르치는 일이다. 아이
들이 곧 나라의 미래이기 때문에 라오스의 경제뿐 아니라 교육에도 신
경을 써야 한다는 생각으로 시작한 일이다. 이 일은 철저한 현지화와
이것을 실현하기 위해 우수한 인재 양성을 기본 이념으로 삼고 있는
코라오 그룹의 방향과도 일치하는 것이다.

험한 정글에서 더위와 싸우며 하루하루 원대한 꿈을 키워가고 있는
길일남 이사. 그에게는 자트로파를 통해 자신의 열정을 실현하고 라오
스 사람들의 가난을 구제할 뿐만 아니라 전 인류를 위한 대체 에너지

개발에 미약한 힘이나마 보태는 오늘이 너무나 소중하다. 그가 뿌린 자트로파의 씨앗뿐만 아니라 라오스의 경제와 교육의 씨앗까지 가까운 미래에 싹을 틔워 무럭무럭 자라날 것이다.

길일남 이메일 demag-corea@hanmail.net

최병수

데포르티보 코레아노 구단주

아르헨티나 축구계
신화를 만들다

꿈은 꾸기 위해 있는 것이 아니라

이루기 위해 있는 것이다.

나는 데포르티보 코레아노가 언젠가는 꼭

1부 리그의 우승컵을 거머쥐게 될 것이라 믿는다.

그날 수천수만의 아르헨티나인들은

또다시 이렇게 외칠 것이다.

"가자, 한국인이여, 고고 코레아노!"

남미 축구를 대표하는 나라, 아르헨티나. 이곳에 '코레아노(대한민국)'를 외치는 함성이 울려 퍼지고 있다. 아르헨티나 사람들이 축구 클럽 '데포르티보 코레아노Club Deportivo Coreano'를 응원하는 소리다.

데포르티보 코레아노는 말 그대로 한국인 클럽이라는 뜻이다. 이 클럽의 구단주는 한국인 최병수다. 그는 해외 프로 축구계 첫 한국인 구단주다. 2005년 3월 21일 창단한 한국인 클럽 데포르티보 코레아노는 6부 리그에서 데뷔, 수많은 클럽들과의 경기에서 우승을 차지했다. 이어진 다음 해에는 시즌 5부 리그로 진출, 64개 팀이 참가한 5부 리그에서 우승까지 거머쥐며 당당히 아르헨티나 4부 리그에 진입했다. 이것은 창단 1년 반 만에 이루어낸 눈부신 성과로 100년 전통의 아르헨티나 축구계에서도 처음 있는 일이었다. 당시 데포르티보 코레아노는 연고지인 로보스 지역 언론은 물론 전국적으로 연일 대서특필되며 아르헨티나 축구계의 무서운 신예로 떠올랐다. 지난 시즌, 경기장 앞은 그들을 취재하러 몰려든 사람들로 진풍경을 연출하기도 했다. 최병수는 이 혜성같이 등장한 팀의 중심에서 아르헨티나 축구의 역사를 새로 쓰고 있는 한국인이다.

로보스 시, 처음으로 전용 구장을 갖다

2007년 3월 아르헨티나의 작은 도시 로보스 시에 삼삼오오 사람들이 몰려들기 시작했다. 유난히 많아 보이는 한인들과 파란 눈의 현지인까지 어느 때보다 많은 사람이 모였다. 여기저기서 스페인어로 '올라Hola'를 외치는 사람들과 한국어로 '안녕하세요'를 말하는 사람들이 한데 섞여 난데없는 언어의 성찬을 펼친다. 다른 때 같다면 현지어인 스페인어로 말하는 것이 보통이겠으나 이 날만은 맘껏 한국어를 구사하는 한인들이 눈에 띈다.

이날은 잔칫날이었다. 로보스 시가 탄생한 이래 처음으로 갖게 된 축구 전용 구장을 여는 날인 것이다. 남미 축구의 양대 산맥 중 하나라고 일컬어지는 아르헨티나에서 축구는 밥처럼 자연스럽고 호흡처럼 편안한 대화거리다. 이런 아르헨티나에 전용 구장, 그것도 한국인 클럽의 전용 구장이 개장을 선포하는 날이니 모두가 흥분되고 기쁠 수밖에 없다. 한인은 한인대로 '코레아노'의 이름이 들어간 이 팀이 자랑스럽고 로보스 시의 현지인은 현지인대로 최초로 지역 팀 전용 구장을 여니 반갑고 기쁨은 이루 말할 수 없다.

한국인이 만든 아르헨티나 축구 클럽 데포르티보 코레아노의 전용 구장은 로보스 시 진입로에서 불과 1킬로미터 남짓한 거리에 있다. 부지 면적 8헥타르에 모두 만여 명을 수용할 수 있는 규모로, 우선은 축구 전용 구장으로 운영하고 있지만 후에 '한인 종합 스포츠센터'로 성장시킬 계획이다. 사람들은 저마다 한 마디씩을 덧붙인다.

"이제 셋방살이 끝이네."

"내 집에서 더 잘하자!"

창단 후 불과 1년 반 만에 아르헨티나 4부 리그에 이름을 올려놓은

전용 구장은 축구인들의 꿈이다

데포르티보 코레아노는 파죽지세로 6부와 5부를 통과해 오늘에 이르 렀다. 아르헨티나 축구 역사상 유례를 찾아볼 수 없을 정도의 빠른 속 도로 정식 리그에 이름을 올려놓은 것이다.

　아르헨티나의 모든 축구 클럽은 창단 후 무조건 6부 리그에 포함돼 경기를 치러야 한다. 그러니 해마다 한 단계씩 올라간다 하더라도 프 로들의 리그인 1부에 올라서기 위해서는 꼬박 6년의 세월이 필요한 것이다. 그러나 이것도 매년 한 단계씩을 오른다는 가정하에서만 가능 한 일이고, 실제로 팀이 창단되어 하나씩 계단을 오르는 일은 생각만 큼 쉽지 않다. 그런데 데포르티보 코레아노는 이 기적을 진짜로 일으 킨 것이다.

한국의 매운맛, 돌풍을 일으키다

아르헨티나에는 1부에서 6부까지의 리그가 있다. 대부분의 주와 도시에 축구 클럽이 있으며 이들 주와 도시 단위로 리그가 형성된다. 이렇게 형성된 6부 리그의 팀들은 대부분 아마추어 팀으로 분류되지만 그 경기 양상은 프로 못지않다. 특히 6부는 인접한 작은 도시들끼리 묶어 리그를 형성하며 보통은 네다섯 개 또는 여덟 개의 도시를 묶어 하나의 리그를 만든다. 이들 팀은 여덟 개에서 열 개 또는 스무 개 팀 등 도시 단위로 약간씩 차이가 있으며 이렇게 모인 팀이 총 2,500개 정도 된다.

6부 리그는 1년 내내 조 리그전을 치른 후 본선 진출 홈 앤드 어웨이Home and Away로 경기를 펼치게 된다. 경기 진행 방식은 1부 리그와 똑같이 적용된다. 이들이 지역별로 경기를 갖고 지역별 우승 팀끼리 다시 모여 전력을 가린 후 단 한 팀만이 5부로 승격된다. 5부는 보통 세미프로로 일컬어진다. 다시 말하면 데포르티보 코레아노는 1년 내내 무수한 경기를 거쳐 결국 2,500개 팀 중 1위를 차지했다는 말이다, 그것도 창단 첫해에. 아르헨티나 전역이 흥분의 도가니에 빠졌던 이유도 바로 여기에 있다. 더구나 데포르티보 코레아노가 어떤 팀인가. 3만 한인들의 이름으로 만들어진 말 그대로의 '한국 팀'이 아닌가. 전 세계 해외 이주 이민사에서도 그 역사를 찾아볼 수 없는 처음 만들어진 스포츠 클럽이요, 축구 클럽이 데포르티보 코레아노인 것이다. 6부 리그에서 우승해 5부로 승격한 이 팀은 다음 해 다시 한번 역사를 만든다.

　5부 리그는 모두 192개 팀이 모여 3개조를 형성해 한 팀당 64개 팀이 속하게 된다. 이 5부의 64개 팀이 1년간 경기를 펼쳐 조별 1위가 결정되면 이 1위 팀들이 다시 토너먼트를 갖고 최후의 승자를 가린다. 물론 여기서도 단 한 팀의 승자만이 4부로 올라가게 된다. 데포르티보 코레아노는 이 첩첩산중의 험난한 길을 헤치고 정식 프로 리그인 4부로 올라선 것이다.

　아르헨티나는 면적이 워낙 넓어 매 경기마다 서울-부산 간 거리의 두 배가 넘는 수천 킬로미터의 거리를 왕복해야 한다. 그 먼 거리를 돌고 돌며 벌인 수십 번의 경기에서 우승한 팀이 바로 한국의 이름으로 태극의 유니폼을 입은 데포르티보 코레아노다.

　2,500개 팀에서 우승, 다시 192개 팀에서 우승. 아르헨티나 축구 역사에서도 전 리그 2년 연속 우승을 차지하며 상위 리그에 오른 팀은 데포르티보 코레아노 단 한 팀뿐이다. 남미 축구의 한 획을 긋고 있는 아르헨티나 전역이 '코레아노'를 외친 것도 이 때문이다. 누구도 쉽게 이루어내지 못한 기적을 만들었으니 말이다. 그리고 이 기적의 한가운데 최병수가 있었다.

　올해 마흔셋에 접어든 최병수는 열세 살 어린 나이에 부모님을 따라 아르헨티나로 이주해 왔다. 그는 자신이 한국인임을 한시도 잊은 적이 없지만 새로 살게 된 이 땅 아르헨티나 역시 자신의 땅이라고 생각하며 어떻게 조화롭게 살 수 있을 것인가를 늘 고민했다. 고민만큼 자신의 삶에도 충실했던 그는 최고의 수재들만 간다는 부에노스아이

축구 클럽은 창단과 동시에 6부 리그에 소속된다　　　© 박상수 Komet.com.ar

레스 대학에서 법학을 전공한 뒤 15년간 상법 전문 변호사로 일하며 나름대로 자기 분야에서 이름을 알렸다. 그러나 그의 이름이 더 많은 아르헨티나인의 주목을 받기 시작한 것은 바로 이 축구 클럽 데포르티보 코레아노를 만들면서부터다. 변호사와 축구 클럽의 구단주. 얼핏 어울리지 않는 것 같아 보이는 두 이름을 그는 어떻게 모두 갖게 되었을까.

변호사, 축구 클럽의 구단주가 되다

언제부턴가 최병수는 한인들의 40년 이민사를 일목요연하게 정리
해보고 싶다는 꿈을 품었다. 사실 아르헨티나에 살고 있는 한인들은
전체 의류업의 70퍼센트를 점유하는 등 아르헨티나 산업에서 주요한
위치를 차지하고 있음에도 여전히 일벌레, 그 이상도 이하도 아닌 이
미지를 갖고 있다. 아르헨티나 사람들은 한국인을 즐길 줄 모르고 일
만 하는 민족, 너무 계산이 앞서 있어 진심으로 대할 수 없는 사람으로
여기는 것이다. 그가 자신의 전문 분야도 아닌 축구 클럽을 생각하게
된 것도 바로 이런 오해와 편견을 깨고 싶어서였다. 이질적인 두 문화
의 사람들이 아무런 의심 없이 서로를 끌어안고 하나의 목소리를 내는
데엔 축구만 한 것이 없었기 때문이다. 더구나 아르헨티나는 아이가
태어나는 순간 축구공을 안겨준다는 말이 있을 정도로 축구에 관한 한
타의 추종을 불허하는 '축구 천국'이나 다름없다.

축구 클럽을 만들어보자고 결심은 했지만 그 길은 순탄치 않았다.
일단 한인들을 설득하는 것이 급선무였다. "우리도 축구 팀을 만들 수
있습니다", "우리도 우리의 팀을 가질 수 있습니다". 현지의 한인 기업
을 찾아다니며 그는 발품에 말품까지 팔았다. 그때까지 그는 여러 명
의 직원을 거느린 로펌의 대표이며 누구도 함부로 할 수 없는 변호사
로 살았지만 스스로 아래로 내려가기를 주저하지 않았던 것이다. 그의
이러한 노력은 결국 결실을 맺어 클럽 창단의 첫걸음을 떼게 되었다.
한인 기업 대표를 포함한 몇 명의 창단 멤버가 모였다. 그러나 어느 도

축구는 문화를 융합한다

시를 연고지로 할 것인가를 두고 이야기가 분분했다.

　물론 첫 후보지는 까삐딸(수도)이었으나 이미 많은 팀이 포진해 있는 곳보다는 새롭게 도전해볼 수 있는 지역을 연고지로 삼는 것이 여러 모로 유리했다. 그래서 결정한 곳이 지금의 로보스 시다. 로보스 시는 비록 수도 외곽에 있기는 하지만 무엇보다 한인에 대한 선입견이나 오해가 없다는 점에서 매력적이었다. 한인들에게도 이 지역은 생소하지 않다는 점이 결정적 요인이 되었다. 공항로를 통해 30여 킬로미터 벗어난 지점에 한인 골프장과 성당, 교회 수양관, 또 많은 교민들의 별장이 있고, 좀 더 나가면 약 50킬로미터 지점에 한인 묘지가 있어 한인 축구 클럽의 연고지로 삼기에 최적의 장소였던 것이다.

그는 이곳에서 같은 방향으로 50킬로미터를 더 가면 보이는 로보스 시를 한인 축구 클럽의 연고지로 삼는 데 더욱 확신을 가졌다. 특히 로보스 시는 수도에서 국도로 한 시간 안에 갈 수 있는 아주 유리한 지리적 조건을 갖고 있어 더 많은 점수를 얻었다. 결정적으로 로보스 축구 연맹이 로보스 시를 비롯해 인근 여섯 개 도시를 모두 규합한 중심 리그로서 그 영향력이 적지 않다는 점이 그의 마음을 크게 움직였다.

햇병아리 신생 팀, 40년 이민 역사를 다시 쓰다

연고지를 선택하고 이후 모든 일이 일사천리로 진행되었다. 시장과 지역 리그를 형성하고 있는 열네 개 구단주들과 협의를 거친 끝에 축구 클럽 데포르티보 코레아노는 만장일치로 당당히 아르헨티나 축구 역사에 도전장을 내밀게 되었다. 축구에 대해서만큼은 어느 나라보다 호의적인 아르헨티나답게 축구장 하나를 무상으로 임대해주기로 했다.

사실 그때 아르헨티나에는 이미 각 나라 이민자들의 혼이 담긴 몇 개의 클럽이 운영되고 있었다. 데포르티보 에스파뇰(스페인), 데포르티보 이탈리아노(이탈리아), 데포르티보 파라구아죠(파라과이), 데포르티보 아르메니오(독일) 등 각 민족이 자발적으로 그들의 공동체를 구축해 현지 사회에 동참하고 있어 대내외적인 관심을 받고 있는 중이었다. 그러나 한두 개 팀을 제외하고는 4부 리그에까지 오른 팀은 거의 없었다. 이민 100년사의 일본인들이 만든 니케이 구단은 현재 6부 리그에 머물러 있다. 이에 비추어보면 시작부터 돌풍을 일으킨 데포르티보 코레아노가 겨우 40년의 이민 역사를 가진 한인들의 위상을 얼마나 높였는지 짐작하기란 어렵지 않다.

그러나 한인 축구 클럽과 관련한 많은 일들이 신속하고 적극적으로 진행되는 데 반해 한인 사회의 반응은 그다지 좋지 않았다. 어쩌면 우려의 시선이 더 많았는지도 모른다. 그 우려의 시선 중에는 축구와는 거리가 멀 것 같은 변호사가 만든 클럽에 대한 반신반의의 감정도 섞여 있었다. 로보스 시민들의 반응 또한 그다지 좋지 않았다. 이미 시에는 50년, 80년 역사를 자랑하는 팀들이 포진해 있고 심지어 100년의 역사를 지닌 팀까지 있는데 과연 이 햇병아리 신생 팀이 무엇을 하겠는가 하는 조소와 방관의 시선이었다.

최병수는 이러한 주위의 반응에 더욱 이를 악물었다. 이는 오히려 해내고 말리라는 오기를 북돋는 계기가 되었다. 그의 축구 이력은 기껏해야 학창 시절 학교에서 축구를 즐겼다는 것뿐이었으나, 스포츠 마케팅을 아우르는 상법 전문 변호사로 일하면서 익힌 구단 운영에 대한 감각만은 어떤 팀의 구단주 못지않았다. 그가 아마추어들의 경기인 6부 리그를 운영하면서도 1부 리그의 코칭 스태프를 영입한 것은 이런 이유에서다.

실제로 그는 1부 리그의 감독과 2부에서 후보로 있으나 남다른 잠재력을 가지고 있는 선수들을 골라 영입했다. 물론 우리나라 K리그의 눈으로 아르헨티나의 축구를 보면 안 된다. 1부 리그의 감독이 어떻게 6부 리그로 오는가 하는 한국적 시선이 있지만 아르헨티나에서는 이

것이 문제가 되지 않는다. 2부 리그에 속해 있더라도 후보로 있기보다는 한 경기라도 직접 뛸 수 있는 하위 리그를 선호하는 선수들이 많은 곳이 아르헨티나다. 아르헨티나인의 이런 적극적인 축구 사랑은 그들이 어떻게 남미 축구의 강호로 통하게 되었는지를 짐작케 한다. 최병수는 바로 이런 아르헨티나 축구의 특성을 정확히 간파했다. 그리고 데포르티보 코레아노는 드디어 2005년 3월 창단과 함께 바로 4월 리그에 돌입했다.

아르헨티나에 울려 퍼진 함성, '코레아노'

2005년 4월, 데포르티보 코레아노는 실로 우승에 굶주린 늑대 같았다. 전 경기에 출전해 빠른 속도로 연전연승하며 그 허기를 메워나갔으니 말이다. 반신반의하던 로보스 시민들과 한인들도 이 모습을 보고 마음을 열어 환호하기 시작했다. 심지어 5부 리그로 오르는 마지막 경기가 있던 날에는 온 시내가 고요했을 정도다. 최병수는 TV에서 스포츠 캐스터가 연이어 "코레아노, 코레아노"를 외치는 것을 지켜보며 가슴이 뜨거워지는 것을 느꼈다. 축구를 통해 아르헨티나와 한국을 잇겠다는 그의 바람을 끝내 이루어냈기 때문이다.

외국에 사는 사람들 대부분은 자기 나라의 이름을 떠올릴 때마다 애국자가 된 기분을 느낀다. 그러나 이것은 그저 마음으로 나라를 응원하고 가슴으로 품어보는 느낌일 뿐 누구도 그 애국심을 표현하기 위

그의 승리는 현지인과의 화합을 이끌어냈다는 점에서 더 값지다

해 홀로 나서 무엇을 하기를 주저한다. 먹고살기 바빠서, 낯선 타국 생활에 적응하기 벅차서 무언가 해낼 수 있다는 도전의 용기와 자신감을 잃고 만다. 그러나 최병수는 이렇게 척박한 상황에서 보란 듯이 '승리'를 일궈냈다.

그의 승리가 스포츠 세계에서의 승리 이상의 더 큰 의미를 지니는 것은 바로 현지인과의 화합을 이끌어냈기 때문이다. 다음 해 데포르티보 코레아노가 4부 리그로 올라서던 날에는 현지 한인들과 로보스 시민들이 형제처럼 얼싸안고 눈물을 흘리는 장관이 펼쳐졌다. 80킬로미터 떨어진 먼 곳에서 열린 경기를 보기 위해 무려 1,300명의 시민들이 버스를 대절해 응원을 올 정도였으니 그 눈물은 어느 때보다 진하고 뜨거웠을 것이다.

현재 데포르티보 코레아노의 공식적인 운영은 열두 명의 이사진에 의해 이루어지고 있다. 최병수는 이 팀을 비영리 사단법인으로 만들고 열두 명의 이사진 중 아홉 명을 한인으로 구성했다. 구단주인 최병수와 이사진은 피를 나눈 형제 이상으로 우의를 다지며 팀을 이끌고 있다. 원정 경기가 있는 날에는 800킬로미터 이상 떨어진 먼 곳으로 가는 응원도 마다하지 않을 정도로 애착이 대단하다.

하지만 다른 한편 그에게 이 일은 수요일 경기가 있는 날에는 아예 출근하지 못하고 경기를 쫓아다녀야 할 만큼 시간과 노력이 많이 든다. 현재 구단의 한 해 운영비는 30만 달러, 한국 돈으로 약 3억 원 정도다. 물론 외국에서 한국으로 영입해오는 용병들의 몸값에 비하면 턱없이 적은 돈이지만 변호사 수임료만으로 감당하기에는 결코 적지 않은 금액이다. 다행히 현지에서 석유 사업을 하는 골든 오일 등 교포 기업들이 도움을 주고 있기는 하지만 썩 여의치 않은 상황이다. 그러나 그에게 이러한 어려움은 당연히 가야 할 길에 놓인 작은 언덕에 불과하다. 아직 갈 길이 멀기에 그는 어떠한 상황에서도 걸음을 늦추지 않는다.

그의 꿈은 1부 리그 입성을 발판 삼아 유럽까지 진출해 세계 최고의 구단을 만드는 것이다. 그리고 이 꿈 안에는 한국의 재능 있는 선수들을 불러와 좋은 환경에서 오로지 축구에만 전념할 수 있도록 돕겠다는 또 하나의 꿈이 있다. 현재 1군에 포진한 스물여덟 명의 선수 중 한국인은 박지성(25세, 미드필더) 선수와 민승태(26세, 미드필더) 선수 단 두 명뿐이다. 박지성 선수는 한국 N리그의 안산 할렐루야 출신 선수로, 최병수는 그가 추후 한국 축구의 전력에 큰 보탬이 될 것으로 기대하고 있다. 이외에도 두 명의 한국 선수가 6부에서 뛰고 있으며 앞으로 그 수는 더 늘어날 것이다. 더불어 2007년 이후부터는 유소년 시스템을 조금씩 도입해 미래를 위한 작은 씨앗들을 품을 준비를 하고 있다.

꿈을 향한 도전, 1부 리그를 향하여

지난 2007년 1월 그는 '축구인의 날' 을 맞아 한국 정부로부터 공로패를 받았다. 누구도 하지 않았던 아니, 감히 꿈꾸지도 않았던 축구 클럽 창단이라는 업적을 이뤄냈고 또 놀라운 성적으로 한국의 이름을 드

아르헨티나 축구는 아르헨티나의 시선으로 봐야 한다

높인 그에게 주어진 작은 위로였다. 그는 이 자리에서 "아르헨티나에 거점을 두고 있지만 세계로 뻗어나가는 팀을 만들고자 한다. 700만 해외 동포들의 꿈이 되고 싶다"는 수상 소감을 밝혔다.

데포르티보 코레아노의 유니폼은 태극을 상징하는 청색과 붉은색으로 만들어졌다. 그리고 선수들은 일정한 시간을 두고 한국에 대한 교육을 받는다. 여기에는 한시도 한국인임을 잊지 않으려는 최병수의 노력이 투영되어 있다. 그리고 아르헨티나를 통해 세계 속에 한국이라는 나라를 각인시키고자 하는 그의 소망이 담겨 있다.

데포르티보 코레아노는 얼마 전 감독을 새로 영입했다. 본격적인 프로들의 경기인 4부 리그에 걸맞은 시스템을 갖추기 위해서다. 5부 리그 때에 비해 마음만큼 좋은 성적이 나오지 않고 있지만 최병수가 꾸는 꿈의 크기는 조금도 줄어들지 않았다. 오히려 그는 2008년 새로운 구장에서 새로운 사람들과 좀 더 높이, 좀 더 멀리 날아볼 꿈을 꾸고 있다.

그는 오늘도 꿈은 꾸기 위해 있는 것이 아니라 이루기 위해 있는 것이라는 말을 몸소 실천하고 있다. 머지않아 1부 리그의 우승컵을 가슴에 품고 한껏 웃는 그의 모습을 볼 수 있을 것이다. 그날 수천수만의 아르헨티나인들은 또다시 이렇게 외칠 것이다.

'가자 한국인이여, 고고 코레아노!'

이제 그 출발의 호각이 울렸다.

최병수 이메일 choilorenzo@hanmail.net
데포르티보 코레아노 홈페이지 www.deportivocoreano.com.ar

장세영

드레스 디자이너

꿈의 드레스를
재단하는 여자

나는 결코 포기하지 않는다.

앞문으로 들어가지 못하면 옆문으로 들어가고

옆문으로 들어가지 못하면 뒷문을 두드려서라도

반드시 들어가고야 만다.

내가 열어야 하는 하나의 문

드레스에 대한 열정이 있어 나는 오늘도 행복하다.

유행과 패션의 도시 미국 로스앤젤레스. 미국 부유층과 유명인사의 상징인 할리우드와 베벌리힐스가 있는 이 지역은 각 분야의 최신 유행 경향을 한눈에 살펴볼 수 있는 곳이기도 하다. 그런데 이 유행 선도의 한복판에서 드레스 한 벌로 미국 여성들을 사로잡은 한국인이 있다. 바로 드레스 디자이너 장세영. 세계적인 팝 가수 브리트니 스피어스, 영화배우 루시 리우와 크리스티나 리치 등 할리우드의 내로라하는 스타들의 드레스가 그녀의 손끝에서 탄생했다. 〈퍼펙트 웨딩〉의 주연배우 제니퍼 로페즈가 결혼식 장면에서 입었던 드레스 역시 그녀의 작품이다. 장세영은 이 영화에서 주인공이 입은 드레스 외에도 신부 들러리들의 드레스까지 맡아 단숨에 할리우드 스타들의 시선을 사로잡았다.

이외에도 많은 스타들이 각종 시상식과 방송에 그녀의 드레스를 입고 나가면서 장세영은 미국에서 손꼽히는 실력파 드레스 디자이너로 유명세를 떨치게 되었다. 실제로 결혼식에서 장세영의 드레스를 입은 할리우드 스타도 있다. 2002년 영화 〈매트릭스〉의 흑인 배우 로렌스 피시번의 결혼식이 그녀의 드레스로 장식되었고, 언니의 결혼식에 장세영의 드레스를 입고 들러리로 나선 크리스티나 리치는 레드카펫을 밟을 때 역시 그녀의 드레스를 입었다. 또한 할리우드에 진출한 김윤진, 문 블러드 굿 등 한국계 배우들도 장세영의 단골 고객으로 유명하다. ABC 방송의 인기 시리즈 〈위기의 주부들〉에 출연해 2005년 9월 제57회 에미상에서 코미디 부문 여우주연상을 수상한 펠리시티 허프만도 장세영의 드레스를 입고 각종 시상식과 토크쇼에 나갔다. 〈위기의 주부들〉에 등장한 또 한 명의 청춘스타 안드레아 보웬 역시 장세영의 자주색 폴로마 드레스를 입고 에미상 시상식에 참석했다. 미국의 영화 현장과 스타들의 삶에서 빼놓을 수 없는 드레스가 이렇게 한국인 여성 디자이너의 손에서 만들어지고 있는 것이다.

소녀, 패션 디자이너를 꿈꾸다

현재 장세영은 로스앤젤레스 멜로즈 거리에 자신의 이름을 내건 '세영 부 쿠튀르Saeyoung Vu Couture'라는 상호의 매장을 가지고 있다. 그녀는 이 매장을 처음 열고 몇 년 지나지 않아 뉴욕, 시카고, 워싱턴 D. C., 애틀랜타 등 미국 다섯 개 지역에 직영점까지 거느리게 되었다. 그리고 전 세계 열다섯 개 부티크에서도 장세영의 이름으로 디자인된 드레스와 가운들이 팔리고 있다.

오늘날 미국 내 드레스 디자이너 TOP 20위 안에 꼽히는 장세영. 그녀가 이 일을 시작한 것은 불과 10년이 채 안 된다. 아니 멜로즈에 첫 매장을 열었던 2002년을 생각하면 겨우 5년이 조금 넘는 시간에 이 엄청난 성공을 이룬 것이다. 오로지 실력과 용기만으로 이루어낸 기적과도 같은 성공이지만 시작부터 순탄했던 것은 아니었다.

장세영은 현대자동차 연구소의 지사장으로 부임한 아버지를 따라 가족과 함께 미국 미시간 주 앤아버로 이민을 왔다. 그녀의 나이 열다섯 살 때의 일이다. 엔지니어였던 아버지와 섬유예술을 전공한 어머니

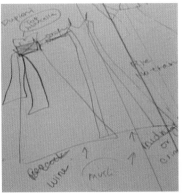

그저 옷을 만들고 싶다는 열망만으로도 마음은 충만하다

사이에서 태어나 똑똑하다는 칭찬을 들으며 평범하게 자란 그녀는 또래의 아이들이 그렇듯 인형의 옷을 만들고 입히기를 즐겼다.

취미로 즐기다 말 줄 알았던 인형 옷 만들기에 대한 흥미는 시간이 흐를수록 점점 더 커져갔고 장세영의 옷 만들기 실력은 서너 살쯤 들어서는 동생들의 졸업 파티용 옷을 직접 만들어 입힐 수 있을 정도가 되었다. 스스로 즐겨서 하는 일이었기에 그녀는 이 일을 하고 있을 때 가장 행복했다. 그녀는 이 행복을 이어가기 위해 대학 진학을 앞두고 부모님께 패션 공부를 하겠노라고 선언했다. 그녀가 이 결심을 부모님께 선언하듯 말할 수밖에 없었던 것은 아버지의 반대를 충분히 예상하고 있었기 때문이다. 그리고 불행히도 예상은 적중했다.

딸 셋 중 누구보다 명석하다고 믿고 있던 맏딸이 난데없이 옷을 만들어 파는 일을 하겠다고 선언하자 그녀의 아버지는 실망했다. 단순한 실망 차원이 아니라 강경하다는 표현으로는 부족할 만큼 아버지는 견

결혼은 '디자이너 본능'과 마주하게 된 계기가 되었다

고한 벽이나 마찬가지였다. 그녀는 결국 자신의 결심을 꺾고 미시간대 화학과에 진학했다. 하지만 그녀에게 화학은 재미가 없었다. 자신이 원하는 것을 포기하고 하는 공부이다 보니 더더욱 흥미를 느낄 수 없었다.

자신과의 싸움은 겁이 없어야 승리한다

도저히 이대로 주저앉아 원하지 않는 일을 하며 살 수는 없다고 생각한 장세영은 조용히 뉴욕으로 떠났다. 그리고 2년 뒤 다시 미시간

집을 찾을 때까지 그동안 겪어보지 않은 온갖 고생을 견디며 지냈다. 뉴욕에서 패션을 공부하겠다는 그녀의 결심은 아버지의 의절 선언으로 더욱 크게 흔들렸다. 패션 공부만큼은 절대로 안 된다던 아버지는 결국 모든 재정 지원을 끊어버렸고 결국 막연히 먹고살기 위해 이런저런 일을 할 수밖에 없는 날들이 이어진 것이다. 다만 이 시간 동안 그녀는 의류를 구매하고 판매하는 여러 시장을 경험하는 것으로 자신의 꿈이 작으나마 실현되었다고 스스로 위안을 삼았다.

그리고 다시 돌아온 집. 대학을 마치지 못해 고졸 학력에 머물러 있던 그녀는 일단 '살아남아야 한다'는 절박함으로 대학에서 섬유학과 사진을 공부하기로 마음먹었다. 이후 학교를 졸업하고 얼마 동안 뉴욕에서 사진작가로 활동하는 등 그녀는 패션과는 전혀 다른 길을 가는 것처럼 보였다. 그리고 1996년에 지금의 남편을 만나 1999년 드디어 결혼식을 올렸다. 이제 그녀는 정말 평범한 주부의 길에 들어서는 것처럼 보였다. 하지만 장세영은 자신의 결혼식을 통해 완전히 다른 아니, 지금까지 자신이 계속 꿈꿔왔던 바로 그 디자이너의 길에 들어서게 되었다.

결혼식을 앞두고 자신에게 맞는 웨딩드레스를 찾던 그녀는 마음에 드는 드레스가 없자 문득 '내가 해볼까' 하는 용기를 냈다. 그리고 정말 많은 공을 들여 자신의 웨딩드레스를 만들었고 들러리들이 입는 드레스까지 완벽하게 만들어냈다. 이 순간 그녀는 자신에게 숨어 있던 '디자이너 본능'과 다시 마주하게 되었다. 자신감이 생긴 장세영은 결혼 후 남편의 도움으로 샌프란시스코 패션 학교인 FIDM에서 꿈에도

서른이 넘어서도 새로운 꿈을 꿀 수 있다

그리던 패션 공부를 시작했다. 그리고 졸업과 동시에 자신의 미국 이름을 딴 '세영 부'라는 핸드백을 런칭했다.

시간이 흐를수록 패션에 대한 열의로 가득 차게 된 그녀는 2002년 드디어 로스앤젤레스로 건너와 단돈 9,000달러, 한국 돈 약 900만 원으로 진짜 사업을 해보겠노라 결심했다. 이때 그녀의 나이 서른. 디자이너로서는 다소 늦은 나이에 그녀는 새로운 꿈을 꾸기 시작한 것이다. 지금 생각하면 어디서 그런 용기가 났을까 싶은 이 일이 너무도 좋아 장세영은 하루 열네 시간을 일하면서도 피곤한 줄 몰랐다. 오로지 가게 대여비만 가지고 시작한 일이었다.

그녀는 한마디로 겁이 없었다. 그리고 하나하나 재고를 따지고 사업에 관련된 많은 부분에 일일이 신경을 쓰며 일을 했다면 아마 지금쯤 아무것도 이루지 못했을 것이라고 생각한다. 아무것도 없었지만 그저 옷을 만들고 싶다는 열망으로, 무조건 잘할 수 있다는 자신감으로 충만해 있던 시절이다. 지금은 로스앤젤레스에만도 부티크와 개인 사무실 등 두 공간을 갖고 있지만 당시 그녀는 가게의 구석에 커튼을 치고 그곳에서 디자인과 패턴, 봉재 등 모든 일을 해냈다.

할리우드가 사랑한 디자이너

오로지 좋아서 만들기 시작한 장세영의 옷은 멜로즈 거리를 지나다니던 할리우드 스타들의 눈에 띄었고 이어 그녀는 승승장구의 기록들을 써가게 되었다. 그녀의 드레스는 특히 심플하기로 유명하다. 당시의 드레스들이 지나치게 많은 장식으로 조금 무거운 느낌을 주었다면 '장세영 표' 드레스는 단순하고 지적이면서도 몇 가지의 포인트만으로 완전히 새로운 느낌을 주었다.

이런 새로운 드레스 형식 외에도 그녀가 정말 심혈을 기울인 부분은 바로 색이다. 그중에서도 결혼식 들러리들이 입는 드레스를 과감히 새로운 색으로 만들었는데 바로 이것이 시장의 환호를 이끌어냈다. 그녀의 시도가 있기 전까지 들러리 드레스는 신부를 돋보이게 해야 한다는 한 가지 목적만으로 흰색이나 촌스러운 분홍색만을 고집해왔다. 장세영은 결혼식은 어느 날보다 화사해야 하고 그것은 들러리 드레스에서도 예외일 수 없다고 생각했다. 그래서 탄생한 것이 청록색과 보라색의 화려한 들러리 드레스였다.

사람들의 반응은 가히 폭발적이었다. 어디서도 찾아볼 수 없는 이화려하고 예쁜 들러리 드레스를 구하기 위해 매장은 인산인해를 이뤘고, 신부들 역시 자신의 드레스를 맡아달라고 주문해오기 시작했다.

어느 나라나 마찬가지지만 특히 미국인들에게 결혼식은 일생일대의 가장 큰 이벤트다. 심지어 결혼하기 1년 전 약혼을 하고 그 1년 동안 결혼식 준비에 몰두하며 웨딩드레스 하나를 준비하는 데만 6개월의 시간을 쏟기도 한다. 이 같은 분위기 탓에 미국 웨딩 시장의 규모는 무려 15조 원에 육박하며 이런 추세는 점점 더 확대되고 있다.

현재 장세영의 부티크에서 판매하는 드레스에는 '클래식 컬렉션'과 작품성이 강조된 '쿠튀르'가 있는데 보통 클래식 컬렉션의 가격은 한국 돈 300만 원 이하, 쿠튀르는 300만 원 이상이다. 더구나 그녀의 드레스는 심플한 디자인과 다양한 색감 덕분에 행사 당일뿐만 아니라 이후 다른 파티 등에서도 충분히 응용해 입을 수 있어 더 많은 사랑을 받고 있다. 이렇게 시작한 장세영의 드레스 사업은 첫해 매출액 15만 달러를 기록하면서 전국 다섯 개 매장 연간 매출 150만 달러의 규모로 성장했다.

장세영은 이 작은 성공을 이루기까지 적극적인 도움을 아끼지 않았던 남편에게 늘 감사한다. 두 살 때 베트남에서 이민 와 현재 그래픽디자인을 하고 있는 남편은 누구보다 그녀가 하는 일을 앞장서서 지원해주었다. 초기 사업 자금을 대는 것부터 이후 아이들을 돌보는 일까지

좋아하는 일이라면 하루 열네 시간씩 일해도 피곤하지 않다

남편의 도움은 그녀에게 절대적인 것이었다. 게다가 남편은 프리랜서로 일을 전환하면서까지 두 아이의 양육을 전담해주었다. 그는 평소에 "세상에서 가장 가치 있는 일은 아이를 기르는 일이다"라는 말을 자주하기도 했다. 장세영이 자신이 원하는 수많은 드레스를 만들고 패션쇼를 준비하며 세상 한가운데를 질주할 수 있었던 데는 이런 숨은 공로자의 도움도 한몫했다.

누구도 나를 대신할 수는 없다

항상 도전하고 도전받는 일상 속에서 장세영은 '누구도 나를 대신할 수 없다'는 깨달음을 얻었다. 집에서는 남편이 많은 도움을 주지만 현장에 오면 오로지 자신이 결정하고 판단하고 책임져야 할 일이 너무도 많기 때문이다. 더구나 평범한 디자이너가 아니라 미 전역에 흩어져 있는 매장을 관리하고 책임지는 CEO의 위치에 있다 보니 때로 자신도 모르는 사이에 심리적 압박을 느낄 때가 많다. 그녀가 이런 경계를 갖게 된 것은 몇 년 전 큰 소송을 겪으면서였다.

당시 늘 불평이 많았던 한 직원을 해고한 장세영은 느닷없이 날아든 고소장을 받아들고 아무 일도 할 수 없었다. 미국의 법은 고소를 당한 사람보다 고소한 사람을 더 보호하는 측면이 크다. 더구나 소송을 대리하는 변호사 비용 역시 고소를 당한 측에서 부담해야 하는 상황이었기 때문에 언제 끝날지도 모르는 소송을 계속할 수도 없었다.

어쩔 수 없이 그녀는 매장 두 곳을 처리한 돈으로 합의금을 물어주고 사건을 종결지었다. 그녀로서는 너무도 큰 타격이었고 납득할 수 없는 어려움이었다. 사업을 시작하고 5년 동안 거의 매년 두 배 이상의 매출을 올리며 성공을 이어오던 상황에서 만난 큰 충격이었다.

이 일을 겪으며 장세영은 디자이너로서만 사는 것과 사업을 하는 것은 하늘과 땅만큼의 차이가 있다는 사실을 새삼 느꼈다. 세상은 사업가 장세영에게 냉정했고 삶에서도 더욱 멀리 내다보는 안목을 갖추길 요구했다. 장세영은 자신과 관련한 아주 사소한 일까지 책임져야

사업가 장세영은 디자이너 장세영으로 돌아오면 새로운 활력을 얻는다

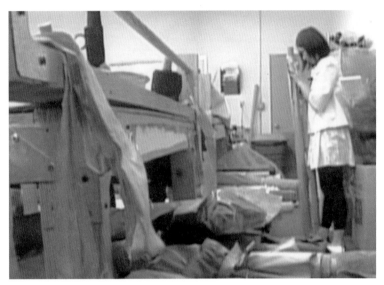
성공에는 반드시 숨은 공로자가 있다

하는 자신의 위치를 새삼 다시 돌아보았다. 그리고 누구도 아닌 오로지 자신만이 그 일을 해결하고 타개해가야 한다는 소중한 진리를 얻게 되었다.

결코 포기하지 않는 여자

하지만 사업가 장세영은 디자이너 장세영으로 돌아오면 어느새 새로운 활력을 얻는다. 얼마 전부터 장세영은 '프린세스 프로젝트'라는 큰 계획을 세워 실천하고 있다. 이것은 고등학교에 다니는 여학생 중

집안 형편이 어려워 졸업 파티에 예쁜 드레스를 입고 갈 수 없는 학생을 찾아 드레스를 선물해주는 프로젝트다. 그녀는 드레스란 그저 파티에 입고 가는 옷에 그치는 것이 아니라 여학생들의 꿈과 희망을 대변하는 역할까지 한다고 생각한다.

드레스는 모든 여성의 로망이다. 특별한 날이면 누구나 한 번씩 자신을 돋보이게 하는 예쁜 드레스를 입고 싶어 한다. 이 같은 여성의 마음을 잘 알고 있기에 장세영은 매년 형편이 어려운 여고생들에게 파티 드레스를 선물하는 자선 행사를 벌이게 된 것이다. 그녀는 단순히 드레스를 선물하는 것이 아니라 특별한 날, 아름다운 주인공이 되기를 꿈꾸는 소녀들에게 희망을 전해주는 것이다. 실로 패션을 사랑하고 아름다움을 동경하는 여성들의 마음을 잘 헤아리고 있기에 가능한 일이다.

사람들은 그녀를 두고 '결코 포기하지 않는 여자'라고 말한다. 성공한 사람들이 가지고 있는 끈기와 적극성 그리고 부지런함을 누구보다 많이 지니고 있다는 것이다. 더구나 그녀는 앞문으로 들어가지 못하면 옆문으로, 옆문으로 들어가지 못하면 뒷문을 두드려서라도 반드시 그 문을 열고 들어가고야 마는 근성까지 갖췄다. 그래서인지 그녀는 수십 장의 스케치를 지웠다 다시 그리기를 두려워하지 않는다. 직원들의 생계를 책임져야 한다는 무거운 의식이 자신을 짓눌러 포기하고 싶을 만큼 힘들 때도 많았지만, 열어야 하는 하나의 문, 드레스에 대한 열정이 있어 그녀는 오늘까지 견딜 수 있었다.

오로지 드레스 하나로 세상과 소통하고 자신을 표현하는 여자, 미국의 패션 심장부를 두드리고 있는 여자, 장세영. 미국 최고의 디자이너로 우뚝 설 때까지 그녀의 도전은 계속된다.

장세영 이메일 saeyoung@vucouture.com
홈페이지 www.vucouture.com

김광근

GSM UK 대표

세계를 나른다
희망을 나른다

두려워해야 할 것은 실패가 아니라,

만족할 때가 아닌데 하면서도

현실에 안주하려는 마음이 드는 것이다.

끝이 있다면 도전이 아니다.

나의 도전은 멈추지 않는다.

아침 일곱 시. 대부분의 사람들이 '10분만 더'를 외치며 이불 속에서 부족한 아침잠을 청하고 있을 시간이다. 이 시간, 영국의 히드로 공항 근처에서는 한 무리의 사람들이 벌써부터 분주하게 움직이고 있다. 그들 사이에서 "그건 이쪽으로, 빨리 출발하고" 같은 익숙한 우리말이 들려온다. 지시하는 이도, 따르는 이도 모두 한국인이다. 영국 런던에서 이미 '13인의 전사들'이라는 이름으로 정평이 난 사람들이다. 그리고 이 전사들 사이에 야전사령관 김광근이 있었다.

빠르고 정확한 배송으로 세계 물류시장에서 눈부신 성장을 거듭하고 있는 한국 국제택배회사 ACI. 그중에서도 ACI 런던 지점은 세계 34개의 지점을 건립하는 데 든든한 교두보 역할을 했다. 그 결과 오늘날 ACI는 세계 물류업계의 빅 4라 불리는 DHL, FEDEX, TNT, UPS 보다 빠르고 정확한 배송으로 현지 무역업체들의 마음을 사로잡고 있다. 특히 모두가 불가능하다고 여긴 영국-중국 간 24시간 물류수송을 현실화하며 쟁쟁한 물류업체들과의 경쟁에서 짜릿한 역전승을 노리고 있다.

얼마 전까지 국제택배회사 ACI의 런던 지점장으로서 오늘의 ACI를 일군 김광근. 그는 어떻게 영국 런던까지 날아가 자신의 이름 석 자를 알릴 수 있었을까. 해답은 바로 그의 범상치 않은 인생 이야기 속에 있다.

단돈 20만 원을 들고 떠난 배낭여행

한국에서 대학을 졸업할 무렵 김광근은 단돈 20만 원을 들고 무작정 일본으로 여행을 떠났다. 비행기를 타기에는 턱 없이 부족한 돈이었기에 김광근은 부산에서 페리를 타고 일본 시모노세키로 갔다. 그리고 일본 10여 개 도시를 줄곧 히치하이크로만 다녔다. 지금이야 배낭여행이라는 말이 익숙하지만 당시만 해도 배낭 하나 달랑 메고 세계를 여행한다는 것은 생각조차 할 수 없었다. 그는 이렇게 인도네시아, 싱가포르를 거쳐 동남아시아 여러 나라와 유럽을 여행했다.

김광근은 새로운 나라에 도착하면 가장 먼저 벼룩시장이나 각 지역의 재래시장을 둘러보았다. 그리고 그곳에서 누구나 쉽게 살 수 있는, 하지만 꼭 필요한 물건인 슬리퍼의 가격을 알아보았다. 또한 콜라 가격을 알아보면서 각 나라와 도시의 물가를 가늠해보기도 했다. 햄버거 가격은 각 나라마다 천차만별이지만 콜라는 국제적으로 일반화된 가격을 시장에서 어떻게 흡수하고 있는가를 알 수 있는 중요한 지표였기 때문이다.

그는 요즘 배낭여행을 떠나는 많은 학생들에게 초기 배낭여행 경험자로서 가능한 한 많은 곳을 여행해볼 것을 권한다. 특히 한 번 가본 곳이라도 나중에 다시 가보면 전에는 못 봤던 새로운 점을 발견할 수 있기 때문에 같은 곳을 몇 번씩 방문하는 것도 좋은 공부가 된다. 여행이란 일종의 훈련 같은 것으로, 세계가 어떻게 돌아가는지 현장에 직접 가서 보고 체험하면 경험만큼 많은 것을 얻을 수 있다. 바로 이것이

누군가 단잠에 빠져 있을 때 누군가는 움직이고 있다

김광근이 세상을 배운 방법이다.

나를 위해 살자

대학 졸업 후 김광근은 국내의 한 대기업에 입사했다. 오전 7시부터 밤 11시까지 쉴 새 없이 밀려드는 일들에 치이는 날이 이어졌다. 영업, 유통, 영업기획 등 이 시기에 정말 많은 일을 했지만 그는 정작 자신을 찾을 수 없었다.

그러던 어느 날 아침, 그는 한남대교를 지나 강남대교를 넘어 출근

누구도 아닌 나 자신을 위해 살자

해야 하는 상황에서 불현듯 차를 돌려 서울을 빠져나왔다. 남들은 모두 출근하느라 전쟁을 치르는 그 바쁜 시간에 미친 듯이 차를 몰아 찾아간 곳은 강릉 경포대. 어수선한 생각이 두서없이 머릿속을 헤집고 들어왔다.

'이러다 죽는 게 아닐까? 이렇게 일하다 어느 날 그냥 죽고 마는 게 아닐까?'

'누구를 위해 살지? 남의 시선을 의식하고 그들의 기대치에 맞추기 위해 살다 결국 끝나는 것인가.'

그는 이러한 고민이 회사에 대한 불만이 아닌 자기 자신에 대한 회의에서 시작된 것이라는 사실을 잘 알고 있었다. 전쟁터 같은 서울을 빠져나와 탁 트인 바다 앞에서 김광근은 결심했다.

'나를 위해 살자, 누구도 아닌 나 자신을 위해 살아보자.'

잘나가는 대기업 사원이었던 김광근은 무단결근을 한 다음 날 회사에 사표를 던지고 무작정 스위스로 날아갔다. 그동안 여러 나라를 여행하면서 자신의 능력을 발휘할 수 있는 곳은 유럽이라는 생각을 해왔기 때문이다. 그는 스위스에서 짧은 교육을 받은 후 스키 리조트를 갖춘 4성급 호텔에서 근무할 수 있는 기회를 얻었다. 그에게 이 호텔에서 일했던 1년 6개월의 시간은 넓은 세상에 대해 더 많이 배우고 익힐 수 있는 귀한 시간이 되었다. 무엇보다 세계 각지에서 온 외국인들과 대화하며 각 나라의 문화, 정치, 경제 등에 대한 이야기를 나눌 수 있었던 것은 그에게 훌륭한 밑거름이 되었다.

이러한 경험을 바탕으로 그는 이제껏 자신이 '우물 안 개구리'였음을 깨닫고 공부를 더 해야겠다는 각오를 다졌다. 그리고 영국 런던으로 건너가 그곳의 대학원에 입학해 하루 중 열여섯 시간을 마케팅 공부에 투자하며 자신을 단련한 후 다시 서울로 입성했다.

런던 지점을 만들어라

1997년, 한국에서 IMF 외환 위기가 막 불어 닥칠 때였다. 고국에 돌아와 한국표준협회 경영컨설팅 부서에서 일하던 김광근은 박사과정 공부를 위해 다시 영국으로 떠날 준비를 하던 중 ACI로부터 특별한 제안을 받았다. ACI의 런던 지점 설립과 그 운영 일체를 맡아달라는 것이었다.

택배업이 무엇인지, 국제 특송은 어떻게 진행되는 것인지에 대한 정확한 개념도 없었던 그에게 이것은 아득한 상공에서 낙하산 하나 잡고 그대로 뛰어내리라는 얘기와 같았다. 다행히 그는 자동차나 오일 등 다른 산업군과 달리 저평가된 택배업에 더 구미가 당겼다. 힘들지만 그만큼 도전할 가치가 있다고 생각한 것이다. 이렇게 ACI 김광근 런던 지점장의 전쟁은 시작되었다.

런던의 영업 전선은 실로 험난했다. 이미 FEDEX나 UPS, TNT 등 굴지의 기업들이 런던을 장악하고 있었고 그는 이 단단한 벽을 뚫고 나가야 하는 상황이었기 때문이다. 이때 그가 생각한 방법은 하나, '기본에 충실하자'였다. 그는 고객 한 사람의 마음을 움직이기 위해서는 보통 세 번은 방문해야 한다는 얘기를 떠올렸다. 그리고 그 말대로 한번 해보자고 이를 악물었다. 물론 처음 세 번 정도는 문전박대를 당했다. 하지만 그렇게 일주일 동안 매일 한 번씩 다섯 차례를 꾸준히 방문하자 드디어 그에게 문이 열렸다.

이렇게 만난 매니저의 70퍼센트가 그의 고객이 되었다. 자신감을 얻은 그는 이후 현지인들을 하나하나 설득해나가기 시작했다. 그 결과 영국 본토의 회사 80퍼센트가 ACI 런던의 주 고객이 되었다. 그러나 이런 정성과 성실성만으로는 무언가 부족했다. 물류업계의 대기업들은 하루가 다르게 몸집을 불려가고 있고 시장 역시 점점 커지는데 이런 식으로는 빨리 따라잡을 수 없다는 불안감이 싹트기 시작한 것이다. 드디어 다윗은 골리앗에게 돌을 던지기로 결심했다.

다윗, 골리앗에게 돌을 던지다

첫 번째 돌은 시간. 김광근은 먼저 시간에 승부를 걸었다. ACI의 모든 업무는 아침 일곱 시에 시작된다. 일찍 일어나는 새가 먼저 먹이를 찾듯 세계인들과의 경쟁에서 살아남기 위해서는 남들보다 한발 빨라야 한다는 것이 김광근의 생각이다. 대부분의 회사가 아침 아홉 시에 업무를 시작하는 데 반해 그는 과감히 일곱 시 출근을 감행했다. 어렵사리 내린 결정이었지만 현지인 직원들은 하나둘 그의 곁을 떠나갔다. 결국 그의 뜻을 이해한 12명의 한국인 동료들이 이 전쟁에 동참해주었다. 김광근은 하루 중 공항에서 이루어지는 아침 업무가 가장 중요하다고 생각한다. 일단 들어온 물건을 빠르게 분류해서 오전 중으로 모두 수취인에게 전달해야 하기 때문이다. 이것은 간단한 일 같지만 아침의 분류와 배포 작업에서 실수가 생기면 당일에 배송할 수 없는 문제가 발생하기 때문에 다른 어떤 작업보다 집중력과 긴장이 필요하다. 그와 직원들의 이 '아침 전쟁' 덕분에 ACI 런던 고객들은 오늘도 원하는 물건을 원하는 시간에 받아볼 수 있다.

다윗이 던진 두 번째 돌은 '넥스트 데이 서비스next day service' 다. 가격 경쟁만으로는 거대 물류수송 업체들과의 전쟁에서 살아남지 못한다고 판단한 그는 물류수송 시간 단축이라는 목표를 세웠다. 빅 4라

일컬어지는 대형 업체들조차 영국-중국 간 배송에 사흘이 길리는 데 반해, ACI는 고객이 물건을 보낸 다음 날 원하는 목적지에 배송을 완료하는 넥스트 데이 서비스로 무려 이틀의 시간을 단축했다. 중국 광저우를 중심으로 각 지역에 지점을 설립해 핸드 캐리hand carry로 물건을 옮기는 방법으로 초고속 배송이 가능해진 것이다. 그 결과 골리앗은 서서히 무너지기 시작했다. 심지어 이탈리아, 중국 등지에서는 빅 4 업체를 능가하는 매출액을 올리기도 했다. 그러나 아직은 승리를 축하할 때가 아니었다. 이들 대형 업체 외에도 ACI가 경쟁해야 하는 약 300여 개의 중소형 업체가 난립한 런던에서 그들이 가야 할 길은 멀었다.

다윗은 세 번째 돌을 던졌다. 이름하여 '고객 감동 서비스'다. 단순히 고객에게 만족을 주는 차원을 넘어 감동을 주는 수준으로까지 끌어 올려 보자는 것이었다. 그래서 탄생한 것이 '세임 데이 서비스same day service'다. 이는 급한 상황에 처한 고객들을 위해 특별히 당일에 물건을 배송해주는 서비스다. 반응은 놀라웠다. 게다가 고객이 특별히 주문했을 때 꽃을 함께 배달해주는 아이디어를 내세워 고객 감동 서비스의 여세를 몰아갔다.

여기에 더해 ACI 런던은 고객 감동을 위한 서비스를 한 가지 더 추가했다. 바로 '전화 알림 서비스'다. 현재 국내외의 많은 업체들이 시행하고 있는 이 서비스를 당시 처음 시행한 곳이 바로 ACI 런던이다. ACI 런던은 전화 알림 서비스를 이용해 아침 일찍 고객에게 물건이 도착할 시간을 알려줌으로써 고객이 하루의 업무를 계획적으로 꾸릴 수

고객 한 사람의 마음을 움
직이려면 적어도 세 번은
방문해야 한다

있도록 도왔다. 그리고 이 차별화된 전략은 런던의 고객을 불러 모으
는 기폭제가 되었다. 이뿐만이 아니다. 그동안의 영업으로 축적한 여
러 거래 정보와 자료를 분석해 만든 '신용도 제공 서비스'를 영국 기
업과 거래 중인 한국 기업들에 따로 시행하기도 했다. 이를테면 한국
과 영국의 다리 역할을 자청한 것이다. 실제로 ACI 런던의 이러한 배
려 덕분에 영국에 진출하는 한국 기업들이 적잖은 도움을 받았고 그들
은 당연히 ACI의 가장 충성도 높은 고객이 되었다.

고객의 상황을 가슴으로 느껴라

진짜 감동은 자신이 바로 그 고객인 것처럼, 그 고객이 처한 상황에
놓였다고 생각하는 '역지사지'의 정신을 가질 수 있을 때 비로소 가능

하다.

중국에서 샘플을 들여오는 고객이 바이어와 미팅을 하기로 약속한 날이었다. 미팅 시간은 오후 두 시였고 만약 물건이 오전 중 도착하지 못하면 그 고객은 점심 한 그릇을 맘 놓고 먹을 수 없는 상황이었다. 김광근은 불안하고 불편한 식사 시간을 보내야 할 고객을 떠올리며 평소보다 더욱 서둘러 물건을 전달했다. 물론 이 고객은 편안하게 점심 식사를 할 수 있었다. 그 순간 그는 아침조차 제대로 챙겨먹지 못한 자신의 처지보다 이제 마음 놓고 웃을 수 있게 된 고객을 떠올리고 안심했다. 그리고 고객의 입장을 내 입장과 바꿔 생각해보면 때로는 불가능한 것 같은 일도 가능하게 할 수 있다는 깨달음을 얻었다. 그 역시 급박한 상황에서 목이 타들어가는 기분을 느꼈기 때문이다.

ACI 런던을 지킨 12인의 전사들은 각각 다양한 직업과 이력을 가졌던 사람들이다. 영국으로 유학 왔다가 우연히 김광근을 만나 직원이 된 사람부터 아들의 병원 치료를 위해 영국으로 건너온 사람까지, 물류업을 한 번도 접해보지 못한 이들이 대부분이다. 그러나 그들은 이제 맞물려 돌아가는 톱니바퀴처럼 그렇게 서로를 받쳐주고 끌어주고 있다. 채 10년이 되지 않은 런던 지점의 짧은 역사 속에 ACI 런던과 김광근의 이름을 새겨 넣은 비법의 하나로도 꼽히는 그의 직원 사랑은 '워크 퍼밋work permit' 제도에서도 엿볼 수 있다.

파트타임으로 일하던 직원을 풀타임으로 채용해 근무에 전념할 수 있도록 한 이 제도는 원래 영국 정부가 정직원으로 근무한 지 5년이 지난 외국인 노동자에게 준시민의 자격을 부여하는 '노동허가서' 이

진짜 감동은 내가 고객인 것처럼 생각해야 나온다

다. 직원들의 근무 의욕을 높임은 물론 직원들이 안정된 생활을 할 수 있도록 배려하는 그의 마음이 담겨 있다. 이외에도 그는 직원들의 생일을 일일이 챙기고 화합을 위해 합창 연습 시간을 따로 마련할 뿐만 아니라, 바쁜 일정 속에서도 한 달에 두 번은 회식을 하도록 했다. '전우애'를 돈독히 하는 이러한 마음 씀씀이는 오늘의 ACI 런던을 세운 초석이 되었다.

자신이 선택한 회사에서 자신의 3년 또는 5년 후의 모습을 그려볼 수 있어야 한다

꿈이 클수록 남다르게 준비하라

김광근은 오늘날 한국의 취업 대란을 잘 알고 있다. 하지만 이렇게 절박한 현실 속에도 분명히 길은 있다는 게 그의 신념이다. 그는 세계를 품을 수 있는 밝은 미래를 꿈꾸는 사람이라면 준비부터 남달라야 한다는 생각을 가지고 있다. 무엇보다 지나치게 학연, 지연과 인맥에 치중하는 한국의 상황에 주눅들 필요가 없다. 면접 장소에서 취업 응시자들은 대부분 자신이 좋은 상품으로 평가되길 원하고 지금의 '완성된 자기'를 보여주려 한다. 하지만 회사 입장에서는 완성된 지금의 모습보다 오히려 '이 사람이 앞으로 무엇을 해줄 것인가' 하는 원자재 자체에 대한 관심이 더 많다. 얼마를 투자해야 이들이 상품으로서 회사에 이익을 가져다 줄 것인가에 초점이 맞춰져 있는 것이다.

김광근은 학벌이나 경험은 2~3년이면 큰 의미 없는 이력으로 변한다고 생각하기 때문에 앞으로의 가능성을 더 염두에 두고 사람을 본다. 특히 일을 잘한다는 것은 일종의 '일머리'가 필요한 것으로, IQ나 EQ가 아닌, 문제 해결 능력이나 일의 마무리, 지시 사항에 지시자 이상의 일에 대한 집착도 등이 일머리의 여부를 결정짓는다고 믿는다. 한국에서든 외국에서든 취업을 준비하는 사람은 바로 이 일머리에 대한 능력을 명확히 보여줄 때 자신의 꿈을 마음껏 펼칠 곳을 찾을 수 있다. 또한 그는 자신이 선택한 회사에서 자신의 3년 또는 5년 후의 모습을 그려볼 수 있어야 한다고 생각한다. 일회용으로 쓰일 곳이 아니라 진정으로 회사의 미래와 자신의 발전이 하나가 될 수 있는 곳을 찾아야 하는 것이다. 이를 위해서는 최근 인터넷 통신망의 발달로 원하는 회사에 대한 정보를 충분히 얻을 수 있는 만큼 직원들의 근속연수가 어떤지, 지속적 투자가 이루어지고 있는지 등을 유심히 살펴보아야 한다.

또한 경험이 많다는 것이 면접에서 꼭 좋은 인상으로 연결되지는 않는다. 야구에서 통하는 반칙을 축구 경기에서 사용하면 안 되는 것처럼 부서마다 규칙이 다르기 때문에 자신이 원하는 부서의 기본 규칙이 무엇인지 나름대로 고민해보는 것이 더욱 중요하다. 그는 사람을 뽑을 때 경험이나 경력보다는 마음이 가난한 자, 그래서 더 정직하게 자기 일에 몰두할 수 있는 사람을 뽑는다. 또 같은 비전을 나눌 수 있는 사람이 누구인지 유심히 살핀다. 그 또한 ACI 런던을 일구며 단 한 번도 자신은 그저 직원일 뿐이라는 단순한 개념으로 일하지 않았기 때문이다. 행운이 있었다면 지점 운영이 거의 독립 채산제로 이루어져 경영에서도 상당한 수준의 독립성을 인정받아 그의 생각과 꿈을 좀 더 자유롭게 펼칠 수 있었다는 것이다. 일을 하는 동안 '나는 경영자다'라는 마인드를 잃지 않은 덕분에 그는 런던 지점장만이 아니라 유럽 본부장이라는 이름에 맞는 '네트워크 매니저' 역할까지 수행할 수 있었다. 그리고 이후 중국 여러 지역을 비롯해 남아프리카, 캐나다, 방글라데시, 두바이 등에 지점을 개설해 이 모두를 관리하는 저력을 발휘하게 되었다.

나의 도전은 멈추지 않는다

그러나 지금 김광근은 ACI 런던 지점에 없다. 이제 일정 수준의 안정궤도에 오른 자신의 자리를 얼마 전 떠났다. 9년의 세월이 지나고 안주할 만한 여건이 되자 그는 오히려 불안을 느꼈다. '과거를 꿈꾸며 현재에만 머물까 봐' 두려워진 것이다.

이 순간 그의 머릿속에 떠오른 말은 단 하나, '박수칠 때 떠나라' 였다. 그는 ACI에서 많은 것을 배우고 경영자의 마인드로 무수한 일을 해냈지만 이보다 더 큰 세상을 느껴보고 싶었다. 몇 년 후 40대 중반에 들어섰을 때 성장보다는 안주 쪽에 기대 과거의 꿈이나 좇고 있을 자신을 생각하니 '이건 아니다' 라는 생각이 든 것이다. 말 그대로 현실의 한계에 순종하는 삶을 살게 될 것 같은 두려움을 느꼈다. 오히려 박수칠 때 떠나서 다시 새로운 꿈을 개척하자고 다짐하며 새 일을 시작한 것도 이런 이유에서다. 현재 그가 새롭게 도전하고 있는 분야는 과거의 국제 택배보다 훨씬 종합적인 복합 운송(에어 카고, 쿠리어, 해운)과 현재 지속적으로 발전하고 있는 인터넷 쇼핑 등 이-비즈니스E-Business 사업의 오프라인 운송이다.

그의 더 큰 꿈을 담은 GSM UK(Global Shipping Master uk ltd)가 바로 그가 새롭게 일군 회사다. 2007년 5월 세운 이 회사는 벌써 중국 광저우와 이탈리아 밀라노에 지점을 설립했다. 게다가 그는 여기에 만족하지 않고 앞으로 물류를 기반으로 한 유통 및 무역 자문으로 사업을 더욱 확장해나갈 계획을 가지고 있다.

김광근은 고교 시절부터 '삶이란 흐르는 강물을 거슬러 올라가는 것'이라고 생각해왔다. 그래서 지금도 그는 아직은 만족할 때가 아닌데 하면서도 가끔 현실에 안주하려는 자신을 가장 두려워하고 경계한다. 그리고 먼 훗날 돌아봤을 때 후회하지 않을 삶을 살기 위해 서슴지 않고 거친 경쟁의 물결 속으로 뛰어든다.

김광근 이메일 brien@gsm-ww.com
홈페이지 www.gsm-ww.com, www.shippingtokorea.com

도전

3막

이재호

진진 · 모라나 대표

브라질이 주목한
반지의 제왕

비전은 있으나 실천이 없다면 단지 꿈일 뿐이며

비전은 없고 실천만 있다면 그것은 모험이다.

그러나 비전과 그에 맞는 실천이 있다면 꿈을 이룰 수 있다.

나중에, 미래에라는 말보다 '오늘' 이 가장 중요하다.

지금 발 딛고 서 있는 이 현장,

지금 살아 있는 이 시간이 가장 중요하다는 사실을 잊지 말자.

ㅂ 라질 전체 판매성장률 3위, 연 20~30퍼센트 성장률 달성,
2004~2005년 브라질 최고의 체인점 선정, 연 매출 3,600만
달러, 2006년 브라질 사업모델 선정, 브라질 전역에 110개의 가맹점
을 개설한 기업 '진진JinJin과 모라나Morana'. 올해 나이 마흔셋의 한국
인 이재호가 만들어낸 대기록이다. 치열한 경쟁과 한 치의 실수도 용
납하지 않는 엄격한 업무 처리를 통해 이 위업을 달성했으리라는 상상
과 달리 이재호의 진진과 모라나는 편안하고 자유로운 분위기의 회사
로 더 유명하다. 그리고 오늘날 브라질의 진진과 모라나는 중국 음식
가맹 사업에 이어 여성 액세서리 가맹 사업까지 성공시키며 가장 주목
받는 기업 중 하나가 되었다.

얼마 전 '반지의 제왕'이라는 별명을 얻은 이재호는 오늘날 브라질
에서 연예인 못지않은 유명 인사다. 다소 엉뚱해 보이는 그의 이러한
별명은 어떤 연유로 생겨난 것일까. 먼저 그가 이뤄낸 성과들을 살펴
보자.

2005년 가장 좋은 프랜차이즈 기업 1위, 한 해 성장률 129퍼센트
프랜차이즈 식품 부문 2위
프랜차이즈 액세서리 부문 2위

얼핏 이해가 가지 않는다. 식품과 액세서리 부문에서 동시에 2위를
차지한 그의 전적을 살펴보면 어떻게 두 분야를 연결해야 할지 아리송
하다. 이처럼 아무런 연관도 없을 듯한 두 브랜드를 기적이라 부를 정

도의 성공으로 이끈 주인공이 바로 이재호다. 처음 중국 요리 전문점 '진진'을 프랜차이즈로 만들어 사람들의 입맛을 잡을 때도 사람들은 중국 요리로 얼마나 성공할 수 있을까 의심했다. 더구나 브라질에서 중국 요리는 그다지 인기 있는 음식이 아니다. 값은 싸지만 브라질 사람들의 입맛에 맞지 않아서 돈이 없을 때 허기나 달래는 정도의 음식으로 여겨졌다. 그러나 항상 부정의 한가운데서 긍정의 싹이 트게 마련이다.

그는 먼저 중국 요리를 현지인의 입맛에 맞추기 위한 연구를 시작했다. 그리고 이것을 체인화해서 모든 가맹점의 요리법을 통일하기 위해 애썼다. 오늘의 진진은 이러한 노력을 바탕으로 만들어진 것이다. 그런데 액세서리 사업은 어떻게 된 것일까?

중국 요리에 매달리던 그가 액세서리를 사업 아이템으로 생각하게 된 것은 브라질 여성들의 사회 진출이 점차 활발해지고 있다는 사실에 주목한 덕분이었다. 사회가 여성들을 부르기 시작하면 여성들은 당연히 자신을 가꾸고 드러내려 할 것이고 이것이 바로 액세서리 구입으로 이어질 것이라 예측한 것이다. 특히 의미 있는 점은 여성들이 바빠지고 일을 많이 할수록 외식 산업이 발달한다는 것이다. 그러니 여성의 사회 진출이라는 사회적 현상 속에서 보면 식품과 액세서리는 분명히 커다란 공통분모를 갖고 있다.

같은 맛을 내는 70여 개의 진진

이재호의 직관은 놀라웠다. 세상의 변화를 포착하는 그의 시선은 무서울 정도로 정확했다. 부드러운 외모 속에 감춰진 그의 사업적 육감 때문인지 현재 브라질 전역에 퍼져 있는 중국 요리 전문점 진진은 무려 70여 개에 달한다. 1992년 처음 문을 연 뒤로 15년의 세월 동안 이룩한 성과치고는 놀라운 수치가 아닐 수 없다.

뷔페식 레스토랑으로 운영되는 진진은 절대 대량으로 음식을 준비하지 않는다. 무조건 소량을 만들고 그때그때 손님들의 상황에 맞춰 즉석에서 음식을 내놓는 것을 원칙으로 한다. 그 덕에 브라질 전역에 있는 진진의 모든 손님은 언제나 따뜻한 요리를 맛볼 수 있다. 더구나 가맹점의 요리사들은 정기적인 교육을 통해 어느 지역의 진진과 비교하더라도 맛의 차이가 없게 요리하도록 훈련받는다. 앞서 말한 것처럼 진진이 오늘의 성공에 이르게 된 비결 중 하나가 바로 이것이다.

이재호는 거의 매일 여러 곳에 있는 진진을 돌아본다. 직접 음식을 먹어보고 손님들과 대화를 나누다 보면 무엇이 부족한지, 더 보강할 것은 무엇인지 다양한 아이디어를 얻을 수 있기 때문이다. 사람들은 책상에 앉아 있는 것만으로도 충분히 아이디어를 얻을 수 있다고 생각하지만 결코 그렇지 않다. 덕분에 그는 하루라도 여러 가맹점을 둘러보지 않으면 마음이 편치 않다. 그에게 가까이서 고객을 대하는 것만큼 좋은 공부는 없다.

과학적 쇼핑의 승리, 모라나

브라질 이민 30년. 브라질 주재원으로 일하게 된 아버지를 따라 이곳에 온 열 살의 어린 소년 이재호는 이제 어느새 장년의 나이에 접어들었다. 모든 것이 낯선 타국에서 어린 소년이 겪었을 문화적 충격과 낯섦은 설명하기 어려울 정도였을 것이다. 그러나 그는 줄곧 1등을 놓치지 않았고 브라질 최고의 수재들만 들어간다는 상파울루 대학에서 경영학을 공부했다. 기업들의 러브 콜이 이어진 것은 당연했고 한국의 기업에서도 이 준비된 청년에게 눈독을 들였다.

하지만 그가 최종적으로 선택한 것은 바로 '내 일'이었다. '내 일을 통해 내일을 바라본다.' 홀로서기를 결심한 그의 각오는 남달랐고 이것이 오늘의 진진과 모라나를 일구는 원천이 되었다. 모든 사람이 한 가지씩, 혹은 그 이상의 다양한 꿈을 꾸지만 비전이 없는 꿈은 의미가 없다고 생각한 것이다.

"비전은 있으나 실천이 없다면 단지 꿈일 뿐이며, 비전은 없고 실천만 있다면 그것은 모험이다. 그러나 비전과 그에 맞는 실천이 있다면 그 꿈은 이룰 수 있다."

실제로 이재호는 10여 년 경험을 살려 새로운 비전을 세우고 그에 맞는 실천을 감행했다. 그리고 맞이한 2003년, 그는 또 하나의 프랜차이즈를 만들어보기로 결심했다. 이때 탄생한 것이 바로 액세서리 전문점 '모라나'다.

그는 일단 매장 인테리어부터 제품 선정에 이르기까지 전혀 다른

아이디어는 손님과의 대화에서 나온다

방식을 도입했다. 그 첫 번째가 철저한 시장 조사와 고객 분석이었다. 오로지 고객의 입장에서만 생각하는 그는 고객들이 원하는 것이 무엇인지 파악하고 바로 그 상품을 아예 진열장 없는 인테리어를 통해 선보이기 시작했다. 덕분에 모든 모라나의 매장에는 유리 진열장이 없다. 그림 속의 제품, 유리 속의 박제품처럼 누워 있는 제품에는 선뜻 고객의 손이 가지 않을 것이라는 판단에서였다. 결과는 대성공이었다. 다른 상점과 달리 원하는 제품을 바로 만져보고 착용해볼 수 있는 모라나에서 고객들은 주저 없이 마음에 드는 제품을 구매했다.

　모라나의 또 다른 독특함은 시간대별로 다른 제품을 진열한다는 것이다. 고객의 취향은 물론 고객의 연령대까지 구분하고 거기에 더해

손님은 유리 속의 박제품을 원하지 않는다

시간대별로 진열의 내용을 달리 하다 보니 더 많은 고객의 발길이 이어졌다.

　그는 또 지역별로 선호하는 제품이 다르다는 사실을 알아냈다. 결국 시간대별 구분까지 뛰어넘어 지역별 구분까지 세세히 이루어져 순간순간 진열을 바꾸는, 당시의 다른 기업에서는 생각도 하지 못했던 조치가 취해졌다. 덕분에 모라나를 운영하는 점주들은 하루 종일 긴장의 끈을 놓을 수 없다. 물론 지역의 특성에 맞게 제품을 선택해주고 매주 20여 개의 새로운 제품을 내놓고 있는 모라나 본사는 그들의 든든한 지원군 역할을 하고 있다.

　이외에도 이재호는 모라나 각 매장의 천장을 높이는 것으로 또 하나의 차별화 전략을 펼쳤다. 이름하여 '오감 마케팅'. 다른 액세서리 가게들이 낮은 천장을 고수할 동안 그는 천장을 두 배로 높게 만들어 고객들의 시야가 시원하게 확보되도록 했다. 또 가게마다 은은한 아로마 향을 풍기고 마음을 편안하게 하는 음악을 틀게 했다. 이뿐만이 아니다. 그는 고객의 시선이 가장 잘 머무는 140~160센티미터 범위 내에 가장 잘 팔리는 제품을 배치해놓았고 조명 역시 매우 밝게 해 제품이 잘 보이도록 했다. 이 결과 모라나 매장은 전체적으로 경쾌하고 고급스러운 분위기를 갖게 되었다.

이재호는 쇼핑의 심리와 쇼핑의 원리 등을 과학적으로 치밀하게 분석해 그것을 완전히 자기 것으로 체화했다. 이미 그 자신이 쇼핑의 과학인 사람, 이재호. 덕분에 모라나를 찾는 고객들은 매장에 들어서는 순간부터 편안함을 느끼고 특별한 대접을 받는다는 좋은 기분에 사로잡힌다.

가족이 함께 일군 자리

현재 액세서리 전문점 모라나는 총 70여 개의 매장을 확보하고 있다. 시작한 지 4년이 채 되지 않은 기간에 이뤄낸 성과다. 반지의 제왕이라는 별명은 브라질 언론들이 이러한 그의 높은 사업 수완에 찬사를 보내며 지어준 것이다.

그는 이 모든 것을 이루는 데 격려를 아끼지 않았던 가족에게 가장 고마움을 느낀다. 힘들고 어려울 때 도와준 형님, 그리고 어머니 등 직접 사업에 뛰어들어 도움을 준 이들이 있었기에 오늘에 이를 수 있었다.

실제로 그의 형 이명호는 진진과 모라나를 아우르는 프랜차이즈 그룹 오르나투스Ornatus의 회장을 맡고 있다. 50대의 형님이 온건한 방패를 든든하게 잡아주고 있는 동안 40대의 동생은 공격적으로 창을 휘두르는 구조다. 또 그의 형수는 실질적으로 모라나의 제품 기획을 맡아 전 세계에서 만들어지는 각종 액세서리들을 모으고 분석하며 새로운 디자인을 찾아내고 있다. 말 그대로 홍보와 디자인의 두 축을 가족이 담당하고 있는 것이다. 그의 아내 역시 디자인 부문에서 새로운 아이디어를 뽑아내며 명실상부한 가족 기업의 형태를 이루는 데 일조하고 있다.

하지만 가족과 함께 하는 사업은 분명한 장점과 단점을 갖고 있다. 무엇보다 가족이다 보니 언제 어디서든 모든 일을 상의할 수 있다는 것이 가장 큰 장점이다. 또 힘들고 어려운 부분을 서로가 이해하고 다독일 수 있다는 것도 좋은 점이다. 다만 가족이다 보니 오히려 서로를 너무 잘 알아 문제가 발생할 수도 있다. 그래서 그는 형인 이명호와 한 가지 약속을 했다.

"만약 형제간 우의를 다칠 만큼 큰 문제가 발생한다면 그때는 회사를 접는다."

고국도 아닌 타국에서 살고 있는 만큼 이 정도의 큰 각오와 결의가 없다면 가족이 함께 일하며 살아갈 수 없기 때문이다. 남의 땅. 어느

일을 잘한다는 것은 커뮤니케이션을 잘한다는 뜻이다

것 하나 내 것이라 주장할 수 없는 땅에서 그는 가족이라는 이름에 의지해 어떤 바람에도 흔들리지 않도록 튼튼하게 뿌리를 내리고 있다. 그리고 결국 '제왕'의 자리에까지 오르게 된 것이다.

브라질 젊은이들의 꿈, 진진·모라나

매년 50퍼센트 이상의 성장세를 보이고 있는 진진과 모라나에 입사하고자 하는 이들은 당연히 적지 않다. 신입사원을 뽑을 때는 주요 부서의 팀장급들이 모두 참석한다. 경영진 한두 사람의 평가보다 함께

쇼핑의 심리와 원리 등을 치밀하게 분석해 완전히 자기 것으로 체화하라

일할 동료들의 평가가 더 중요하다고 생각하기 때문이다.

현재 진진과 모라나에는 모두 50여 명의 직원이 일하고 있다. 본사 직원치고는 브라질 전역에서 결코 적지 않은 숫자다. 그리고 더 놀라운 점은 이 직원들이 진진이라는 음식 프랜차이즈와 모라나라는 액세서리 프랜차이즈 일을 모두 동시에 진행하고 있다는 것이다. 기획, 판매 관리, 홍보팀 등 각 팀은 두 브랜드를 동시에 관리하고 책임진다. 그러다 보니 직원을 뽑는 자리가 결코 만만치 않다.

먼저 입사 지원자는 작은 주머니에서 질문지 하나를 꺼낸다. 제비뽑기다.

"판매와 관리를 어떻게 병행할 수 있습니까?"

"사회생활을 하며 성격이 어떻게 달라졌는지요?"

질문의 내용은 가히 전방위적이다. 이재호는 '형식을 버리는 것'과 '화합'에 의미를 두고 이러한 면접 방식을 구상했다. 현재 진진과 모라나의 전 직원은 말 그대로 가족 같은 분위기에서 일하고 있다. 그래서 새로 직원을 뽑을 때도 이 분위기에 자연스럽게 녹아들 수 있는 사람을 선호한다. 서로 의견 충돌이 있더라도 부드럽고 원만하게 해결하기 위해서는 분위기를 깨뜨리지 않는 것이 매우 중요하기 때문이다. 한국 기업이나 브라질 기업에서는 사람을 뽑을 때 실력 그 자체만 보고 사람됨은 중시하지 않는 경우가 왕왕 있다. 그러나 이재호는 일을 잘한다는 것의 전정한 의미는 결국 커뮤니케이션을 잘하는 것이라고 본다. 서로 의사소통이 원활하지 못하면 아무리 능력 있는 사람이라도 그 능력을 제대로 발휘할 수 없기 때문이다. 또 그는 단순히 질문을 하고 대답을 듣는 것에 의미를 두기보다는 지원자의 순발력과 재치를 평가하는 데 더 비중을 두기 때문에 이런 제비뽑기 방식을 활용하고 있다.

이렇게 뽑힌 직원들은 자유로운 분위기에서 일하고 또 휴식을 취할 수 있다. 실제로 이곳의 휴게실은 브라질 어느 기업에서도 찾아볼 수 없는 쉼터로 유명하다. 커다란 소파는 물론이고 발을 올려놓을 수 있는 보조 소파까지 갖추고 있어 누구든 눕고 앉아 음악을 들으며 하루의 피곤함을 달랠 수 있다. 가끔씩 이곳에 들르는 이재호 사장 본인도 가벼운 안마기를 하나 들고 허리를 두드리며 직원들과 허심탄회한 대화를 나누곤 한다.

자유로움. 고하를 막론하고 친구처럼 허물없이 지내는 이들이 일의 열정과 유쾌한 웃음을 나누는 공간. 왜 그토록 많은 브라질의 젊은이들이 진진과 모라나의 문을 두드리는지 짐작할 수 있다.

베스트셀러의 10퍼센트는 소외된 아이들에게

이재호 사장은 얼마 전부터 브라질의 어린이를 돕는 데 적극 나서고 있다. 특히 최근에는 베스트셀러로 통하는 가장 아름다운 제품 열 개를 선정, 브라질 최고의 모델들과 자선쇼를 갖기도 했다. 이렇게 선정된 제품의 판매수익금 중 10퍼센트는 브라질의 소외된 어린이들을 위해 쓰인다. 그래서인지 이재호는 브라질 어린이 재단이 가장 믿고 있는 기업가 중 한 명이다.

실제로 재단의 담당자들은 진진과 모라나 같은 기업이 브라질 아이들의 미래를 돕고 있다는 사실을 높이 평가한다. 또 많은 기업이 진진과 모라나처럼 사회사업에 적극적으로 참여해준다면 브라질이 더욱 좋은 나라로 발전하는 것은 시간문제라고 강조한다. 그러나 정작 이재호는 재단 측의 이런 반응을 매우 쑥스럽게 생각한다. 지금까지 진진과 모라나가 성공을 거듭할 수 있었던 것은 모두 고객의 힘 덕분이므로 고객이 준 사랑을 다시 돌려주어야 한다는 것이다.

그는 또 진정한 기업가라면 어느 정도의 성공을 이루었을 때 주위를 돌아볼 줄 알아야 한다는 지론을 가지고 있다. 많은 기업이 더 많은 이윤을 남기기 위해 앞만 보고 달리지만 아무리 열심히 달려도 고객 없이는 그 어떤 기업도 살아남을 수 없기 때문이다. 그리고 기업과 사회가 하나의 유기체라는 생각을 가지고 활동한다면 기업이 사회를 위해 무엇을 하겠다고 특별히 애쓰지 않아도 기업의 발전이 저절로 사회의 발전으로 연결된다고 본다. 이재호는 기업들이 사회 활동에 참여하면 당장은 회사에 조금 손해인 것 같지만 결코 그렇지 않다고 생각한다. 현명한 고객은 기업의 따뜻한 마음을 알아보기 때문이다.

일례로 그가 열었던 자선쇼에 섭외된 대부분의 브라질 모델들은 기꺼이 무보수로 참여를 자청했고 또 스스로 나서 모라나의 제품을 애용하고 있다. 고객들이 모라나가 지닌 선의의 마음을 알아본 것은 물론이고, 모라나 홍보 대사를 자임한 모델들 덕분에 이제 모라나는 브라질에서 '따뜻한 기업', '인간미가 흐르는 기업', '아이들과 함께 하는

자선쇼에 섭외된 모델들
은 무보수로 참여하기도
했다

기업'으로 기억되고 있다.

연말이 되면 진진과 모라나의 직원들은 송년 파티를 열어 격식 없
는 대화를 나누곤 한다. 한 해를 마감하고 정리하며 내년을 준비하는
자리. 모두가 지난 1년의 소회를 펼치는 자리다. 이재호와 그의 형 이
명호는 누구보다 진지하게 직원들의 이야기를 경청한다. 사업이 날로
확장 추세에 이른 지금, 직원들의 말 한 마디 한 마디는 어느 때보다도
중요한 아이디어요 공부거리다. 이런 공부만이 아니라 학업에 대한 그
의 욕심 또한 정평이 나 있다. 얼마 전부터 경영대학원에서 MBA 코스
를 밟고 있기도 하다.

그는 자신이 더 많이 배우고 공부하는 것만이 좋은 기업을 유지할
수 있는 방법이라고 생각한다. 특히 앞으로 있을 미국과 유럽 시장 진
출에 성공하기 위해서는 어느 때보다 더 많이 연구하고 공부해야 한
다. 또 그는 단순히 경험만으로 회사를 운영하는 시대는 이제 끝났다

고 본다. 경영자야말로 새로운 것을 배우고 느끼기 위해 늘 공부하는 자세를 가져야 한다는 것이다.

이재호는 '정보'란 아이스크림에 불과하다고 생각한다. 시간이 지나면 녹아 사라지는 것이 정보라는 것이다. 결국 녹아버린 정보를 오늘 쓰려고 하면 아무 소용이 없기 때문에 늘 새로운 정보를 찾아야 한다. 그리고 기업인은 녹아 사라지는 정보가 아닌 생생한 정보를 얻기 위해 늘 공부해야 하는 의무를 지고 있다.

오늘에 충실해야 미래가 열린다

이재호에게 공부만큼 중요한 것은 바로 살아 있는 오늘이다. 사람들은 때때로 이렇게 말한다. '돈이 생기면 무엇을 할 것이다', '좀 더 기반을 다지게 되면 무엇을 할 것이다'. 그러나 이재호는 나중에, 미래에라는 말보다 '오늘'이 가장 중요하다고 생각한다. 지금 숨 쉬고 있는 오늘이 가장 소중한 것이고 또 오늘에 충실할 수 있어야 미래도 열린다고 본다. 지금 발 딛고 서 있는 이 현장, 지금 살아 있는 나의 이 시간이 가장 중요하다는 사실을 그는 항상 잊지 않는다.

브라질이 주목한 반지의 제왕 이재호. 그는 모라나의 미국 시장 진출을 성공적으로 이끌어내면서 뉴욕과 로스앤젤레스까지 매장을 확장했고, 2007년 11월에는 포르투갈에 두 개의 모라나를 열었다. 또한 2007년 12월에는 10대를 겨냥한 새로운 패션 브랜드 발로네Balone를 런칭, 상파울로 중심부에 제1호 매장을 여는 등 사업을 더욱 확장해나가고 있다. 브라질에서 사상 유례가 없는 두 브랜드의 프랜차이즈를 성공으로 이끈 자랑스러운 한국인. 세계로 뻗어 나갈 그의 앞으로의 행보가 더욱 기대된다.

이재호 www.grupoornatus.com

김영완

오션 프레시 피시 대표

로스앤젤레스의
아침을 열다

예전보다 보폭은 커졌지만

나의 사업 모토는 오늘도 유효하다.

욕심 부리지 않기,

결코 실망하지 않기,

어느 순간도 포기하지 않기.

피자와 햄버거로 대표되는 패스트푸드의 시대가 가고 있다. 전 세계는 바야흐로 '건강한 음식'에 주목하고 있으며 이름하여 슬로우 푸드slow food가 그 가치를 높이고 있다. 이 가운데 수산물은 건강식 중의 건강식으로 떠오르며 세계인의 이목을 집중시키고 있다.

미국 로스앤젤레스의 김영완은 이 수산물 유통 시장을 사로잡고 있는 말 그대로 '수산왕'이다. 로스앤젤레스의 거의 모든 요식업체들이 거래하고 있고 일반 고객들이 아침마다 신선한 생선을 사기 위해 줄을 서는 '오션 프레시 피시Ocean Fresh Fish'는 김영완이 운영하고 있는 회사로, 20년이 넘는 세월 동안 생선 하나로 미국 캘리포니아를 접수한 기적의 '생선 왕국'이다.

미국의 수산물 시장은 해마다 고공의 성장률을 보이고 있는 전도유망한 사업 경쟁 분야다. 이 경쟁에 뛰어든 사업체 중 김영완의 오션 프레시 피시가 특히 눈에 띄는 이유는 수산물의 절대 강자인 일본 업체들 사이에서 당당히 우위를 점하는 기염을 토하고 있기 때문이다.

로스앤젤레스 요식업체 선정 '올해의 최고 기업상Best Company of the year' 수상, 미국 전 지역 거래 식당 600여 개, 취급 어종 300여 종, 한 해 매출 4,000만 달러. 베벌리힐스의 까다로운 고급 레스토랑부터 최근 급성장하고 있는 라스베이거스 시장까지 20년간 오로지 생선 하나로 승부해온 김영완의 삶은 집념과 열정 그 자체로 하나의 신화가 되고 있다.

캘리포니아를 접수한 기적의 생선 왕국

새벽 두 시, 김영완이 이부자리를 털고 일어난다. 새벽이라곤 해도 아직 깜깜한 한밤중이다. 20년 넘는 긴 세월 동안 그는 이렇게 밤이 낮인 양 일어나 일을 시작했다. 가족들은 아직도 곤히 자고 있다. 직접 간 주스 한 잔을 마시고 집을 나서 회사에 도착하니 새벽 세 시다. 직원 50명 가운데 20명 정도가 이 시간에 나와 김영완과 함께 하루를 준비한다. 매일 신선한 생선이 비행기에 실려 일본과 하와이 등지에서 들어오는데 그것을 공수해오는 시간이 바로 이때다. 보통은 하와이 참치, 다랑어, 동부의 광어가 들어오며 한국의 제주도산 광어 역시 매주 화요일과 금요일에 들어와 고객들의 손길을 기다린다. 이렇게 비행기를 통해 들어오는 생선은 보통 200~300종을 헤아리며 특히 일본에서 오는 생선이 가장 많다.

그리고 네 시 반, 이른 시간이지만 고객들이 몰려들기 시작한다. 이 고객들은 대체로 일본인들인데 이렇게 회사로 직접 오는 고객은 사실 그다지 많지 않다. 대부분의 고객들이 요식업체여서 전날 저녁에 들어온 주문 사항에 맞춰 생선을 일일이 손보고 포장하는 것이 이 새벽의 주요 업무이기도 하다.

회사 대표인 김영완은 사실 몇 가지 지시를 하는 것만으로도 자신의 역할을 다했다고 할 수 있지만, 거의 매일 직접 칼을 잡고 생선을 다듬는다. 특히 그가 신경 써서 다듬는 생선은 참치다. 참치는 덩치도 덩치지만 한 마리 가격이 우리 돈으로 1,000만 원을 호가하는 것들이

많아 특별히 숙련된 솜씨가 필요하다. 더구나 파운드당 가격이 30~
50달러를 넘나들어 고도의 기술을 가진 사람만 다룰 수 있는 생선이
다. 이 시간 그는 한 회사의 사장이 아니라 누구보다 섬세하게 생선을
다듬고 그것을 포장하는 일을 담당하는 28년 경력의 '생선 장수'다.
사장의 이른 출근은 직원들을 긴장하게 하지만 바로 이때가 직원들이
일을 배울 수 있는 기회이기도 하다. 직원들은 직접 칼을 들고 생선을
다듬는 사장을 보며 숙련된 장인을 대하는 경이로운 마음가짐으로 그
를 돕는다.

이렇게 준비된 생선은 남쪽으로는 샌디에이고, 동쪽으로는 라스베
이거스, 북쪽으로는 산호세, 서쪽으로 퍼시픽 해안 등 캘리포니아 전
지역으로 배달된다. 이렇게 거래를 맺고 있는 매장이 모두 600여 개.
가히 생선 왕국의 소리를 들을 만한 규모다.

공대 다니는 생선 장수 '김조기'

보낼 곳을 찾아 생선을 일일이 차에 실어 보내고 나면 그제야 다른
사람들의 아침이 시작된다. 여덟 시 반에서 아홉 시, 김영완은 이때부
터 본격적인 사장 업무에 돌입한다. 구매업자들과의 상담, 결제 처리
를 하고 나면 어느새 점심시간이다. 간단히 식사를 마치고 오후 세 시
까지 그는 고객 미팅과 잡무 처리 등으로 바쁜 시간을 보낸다. 그렇게
하루를 보내고 집에 도착하면 오후 다섯 시. 이제 그의 하루가 끝났다.

보통 아침 아홉 시에 업무를 시작해 오후 다섯 시에 일을 마치는 사람들에 비해 그는 하루에 무려 여섯 시간을 더 일하는 셈이다. 어떻게 그 많은 시간 동안 일하고 그토록 적은 수면으로 20년을 살았을까.

1980년 그는 공학도였다. 공대 출신인 그는 공부를 더 하기 위해 미국의 디트로이트로 왔다. 그러나 넉넉지 못한 가정 형편 때문에 가만히 앉아 공부만 할 수는 없었다. 그는 이 시기 동안 안 해본 일이 없을 만큼 다양한 직업에 종사했다. 청소부, 정원사, 도넛 가게 점원, 주유소 직원 등 돈이 되는 일이라면 어떤 일도 마다하지 않았던 배고픈 시절이었다. 공부만으로도 바쁜 시절에 그는 학비와 생활비를 벌어야 했고 다음 학기를 준비해야 했다. 그러던 어느 날 우연히 중국인이 운영하는 생선 수입회사에서 일하게 된 것이 오늘의 그를 있게 한 계기가 되었다.

당시 그는 세일즈맨으로 일하며 '김조기'라는 이름으로 불렸다. 미국인들은 조기라는 생선을 잘 모른다. 당연히 그 조리법도 생소했기 때문에 사람들은 조기를 팔러 온 동양의 청년을 외면할 수밖에 없었다. 그러나 그는 한인 타운의 미국인들을 끈질기게 쫓아다니며 조리법을 알려주고 시식을 권하며 한국의 조기를 알렸다. 그 결과 그는 김조기라는 별명을 얻게 되었고 시장을 돌며 상인들과 직접 대면한 덕분에 수산물 시장의 흐름을 꿰뚫어 볼 수 있는 안목을 갖게 됐다. 앞으로 자신이 갈 길을 열었던 중요한 '학습의 시간'이었던 셈이다.

1983년 김영완은 내친 김에 트럭 한 대를 구입했다. 생선으로 무언가 해볼 수 있겠다는 직감으로 그는 미국 전역을 도는 생선 장수가 된

나는 한 회사의 사장이기 이전에 28년 경력의 '생선 장수' 다

것이다. 공학을 전공하던 학생이 하루아침에 트럭을 모는 생선 장수로 탈바꿈하자 부모님의 성화가 이만저만이 아니었다. 하지만 이미 미국 수산물 시장의 가치를 알아본 그의 신념은 쉽게 꺾이지 않았다. 그는 비만과 그로 인한 성인병 등으로 국민 건강에 대한 높은 사회적 비용 을 지불하고 있는 미국에서 점차 '건강하게 먹자' 는 움직임이 일어날 것을 간파했다. 이러한 계산 아래 그는 내친김에 대표적인 건강 식품 으로 인정받고 있는 수산물을 취급하는 회사를 차렸다. 오션 프레시 피시의 서막이 오른 것이다.

　시작은 '웨스턴 마켓Western Market' 이라는 상점이었다. 한인 타운 안에 있는 한국 사람들을 상대로 문을 연 이 가게에서 그는 중국 회사

직접 보고 듣는 것이 가장 훌륭한 학습이다

를 통해 들어온 냉동된 조기, 꽃게, 새우 등을 팔았다. 당시 동일장이 라는 식당에 있는 작은 스시 바를 제외하고는 일식 전문 식당이 거의 없었기 때문에 선어에 대한 일반의 인식도 그다지 높지 않았다. 이렇 게 시작한 사업은 겨우 열 개 남짓한 거래 업체를 두고 있었을 뿐 매출 도 영 신통치 않았다. 가족의 반대도 점점 거세졌다. 간호사로 일하던 아내는 노골적으로 반대 의사를 표했고 그 역시 마음의 갈등을 겪어야 했다. 그는 이때 배짱을 한번 부려보기로 했다.

한 술 아닌 반 술에도 실망하지 않고 천천히

'그래, 당장 먹고사는 건 어떻게든 아내에게 부탁하고 일단 손해나 면해보자.'

이러한 배짱으로 몇 년을 버티며 그는 특히 물건을 들여오는 도매 업체들과 우호적인 관계를 맺기 위해 애썼다. 덕분에 외상 거래를 거의 하지 않던 도매업체들이 김영완에게 한 달 이상을 외상으로 물건을 주고 또 그 이상을 기다려주는 등의 호의를 베풀기 시작했다. 그러나 문제는 다른 데 있었다. 시간이 지날수록 거래하는 식당은 늘어갔지만, 이들이 부도 수표를 만들어냈던 것이다. 애써 받아놓은 수표가 모두 휴지조각이 되고 심지어는 한 달에 필요한 물건값 10만 달러를 넘어서 18만 달러의 부도 수표가 깔리는 위기를 맞기도 했다. 사실 김영완 자신은 거래를 하는 동안 단 한 번도 수표로 결제한 일이 없어 이런 일이 발생할 때마다 더욱 고통에 시달려야 했다.

그렇게 3년의 시간이 흐르고 뜻밖의 지원군이 나타났다. 한국에서 막 군대를 제대한 동생이 같이 일해보자는 뜻을 전해온 것이다. 당시 동생은 틈틈이 한국에서 일하며 모은 돈을 모두 회사 자금에 보태는 결단을 마다하지 않았다. 또 마침 거래 업체 사장의 여동생과 연분이 닿아 결혼까지 일사천리로 진행되면서 그의 회사도 탄력을 받게 되었다. 동생은 조용하고 꼼꼼한 그와는 달리 외향적인 성격으로 영업에 활기를 불어넣으며 바야흐로 오션 프레시 피시의 신화를 일군 일등공신으로 자리 잡기 시작했다.

4년의 시간이 지나자 한인 타운에도 제법 많은 한국 식당이 들어섰다. 이때도 그는 새벽 세 시면 일어나 네 시에 물건을 떼러 수산 시장에 가는 강행군을 이어갔다. 당시에는 전용 창고도 없었기 때문에 오로지 전날에 받은 주문량만큼만 물건을 구입할 수밖에 없었다. 그는 이렇게 주문받은 제품을 배달하고 나서 다시 영업에 나서는 쉴 틈 없는 일정을 묵묵히 소화해냈다. 그리고 영세한 업체들이 모여 물건을 취급하는 작은 창고를 얻어 장사하다가 그 건물 자체를 임대하는 발전을 이루게 되었다.

　이 시간 동안의 그의 행보는 말 그대로 '스텝 바이 스텝'이었다. 보따리 장수 모양 트럭 한 대로 미국 전역을 헤매고, 다시 작은 가게를 얻고, 창고를 얻고. 많은 사람이 한 술에 배부르기를 바라는 일확천금의 행운을 노리는 것에 반해 그는 한 술도 아닌 반 술에도 실망하지 않고 천천히 한 걸음, 한 걸음 계단을 오른 것이다. 이 사이에 고객의 수가 서서히 늘기 시작했고 이에 맞춰 직원 수도 조금씩 늘려갔다. 적당한 규모를 갖춘 회사를 이끌고 4년의 시간을 더 버티자 어느 순간 고객의 수가 기하급수적으로 늘기 시작했다. 결국 이렇게 그는 임대했던 건물을 아예 구입하는 한 단계 올라선 성공을 이루게 되었다. 그리고 10분 정도 떨어진 거리에 지금의 공장 자리를 얻고 거대한 오션 프레시 피시 공장을 지었다.

미국의 수산물 시장은 해마다 고공의 성장률을 보이고 있는 전도유망한 시장이다

수산물 시장의 철옹성 일본을 내 편으로

현재 이 공장은 캘리포니아에서 손꼽힐 정도로 좋은 시설을 자랑한다. 냉장실, 냉동 시설, 고객들을 위한 매장, 리시빙 방 등 수산물 회사가 갖춰야 할 거의 대부분의 시설을 갖추고 있다. 또 매일 아침 아홉시에 미국 전 지역으로 출발하는 냉동차만 20대를 두고 있을 만큼 큰성공을 거뒀다. 그는 이 공장을 설계할 때 자신의 아이디어를 충분히반영시켰다. 공장은 그동안 생선 비린내를 마다하지 않고 어떤 향수보다도 향기롭다고 느끼며 일했던 김영완의 피와 땀 그리고 인생이 녹아있는 결정체였기 때문이다.

현재 김영완이 거래를 하고 있는 매장은 무려 600개. 대부분 스시 바와 횟집들로 일본인과 한국인들이 운영하고 있고 요즘엔 중국인도 많아졌다. 처음에 일본인이 운영하는 식당들은 단지 한국인이라는 이유만으로 그를 외면하기도 했다. 영업을 하러 가면 일부러 한국인임을 밝히지 않을 만큼 분위기가 좋지 못했다. 한국의 업체들 역시 일본인 보다 주로 중국인이나 필리핀 사람 등을 상대로 영업을 했을 만큼 양국이 서로를 배척하는 형국이었다. 그러나 그는 개척하지 않은 부분에 더욱 욕심이 생겼다. 조용한 성품이면서도 은근한 오기와 끈기를 가진 그답게 김영완은 이 상황을 정면 돌파하기로 마음먹었다.

그가 택한 방법은 일단 일본인 세일즈맨을 고용하는 것이었다. 안되면 돌아가자는 생각으로 선택한 이 카드는 주효했다. 영업에 탁월한 능력을 발휘해준 일본인 직원 덕분에 그는 일본인 식당들과의 거래 활로를 뚫을 수 있는 작은 계기를 마련한 것이다. 두 번째로 그가 선택한 방법은 무한 서비스다. 한번 마음에 들지 않는다는 표시를 하면 만족할 때까지 계속 무상으로 새 제품을 공급해준 것이다. 사실 이런 생물을 다루는 업체에서 애프터서비스를 한다는 것은 매우 어려운 일이었으나 그는 이것을 '만족할 때까지'라는 모토로 현실화한 것이다.

특히 이 시기에 김영완은 한국인 요식업체보다 일본인 요식업체의 모임에 적극적으로 참여하는 사업 수완을 발휘했다. 내친김에 일본인 커뮤니티에 적극적으로 참여하는 것은 물론 각종 기부 활동도 마다하지 않으며 일본인들을 감동시켰다. 더구나 일본인 요식업체들과 함께 '시푸드 쇼'를 기획하고 각종 홍보 활동을 벌이면서 감사패를 받기까

무한 서비스, 만족할 때까지 계속 무상으로 새 제품을 공급한다

지 했다. 고객을 확보하려면 단순히 물건을 팔기만 해서는 안 되고 먼저 그들과 함께 호흡할 줄 알아야 한다는 비즈니스의 진수를 보여준 것이다.

이러한 노력의 결과로 지금은 주요 고객의 대부분이 일본인이 운영하는 식당과 일본인 요리사들이고, 철옹성이라 표현됐던 일본 시장을 자신의 우군으로 만들 수 있었다.

끝까지 책임지는 '신선한' 사업 수단

하지만 그가 성공할 수 있었던 가장 큰 경쟁력은 바로 상품의 질이었다. 가격을 조금 비싸게 받는 한이 있더라도 수산물의 특징에 맞게 신선도로 승부하자고 결심한 것이 적중했다. 이런 신념을 오랫동안 유지해온 덕분에 고객들은 이제 큰 회사들보다 더 비싼 가격을 불러도 신선한 오션 프레시 피시를 선택한다.

그리고 김영완의 두 번째 성공 요인. 앞서 일본인들을 상대로 했던 것처럼 그는 철저한 애프터서비스 개념을 도입하면서 특히 하루 두 차례 주문을 받는 방식을 고수한다. 대부분의 회사들이 하루 한 번으로 제한하고 있는 주문 방식에서 탈피해 그는 오전, 오후 두 차례 주문을 받는다. 이는 점심시간에 가장 바쁜 요식업체들이 혹시 주문을 잊게 되더라도 오후에 다시 주문을 할 수 있도록 배려해 만든 제도로 고객을 위한 서비스로서는 아주 탁월하다.

일확천금의 행운보다는 한 걸음씩 앞으로 내딛는 것이 중요하다

또 전날의 영업이 끝났다 하더라도 거래처의 주문이 있으면 아무리 늦은 시간에도 배달을 해준다. 이것은 캘리포니아 전역을 책임질 만큼 크게 성장한 요즘에도 어김없이 지키고 있는 그만의 서비스 정신이다. 또 가끔 남는 물건이 있을 때는 직접 현장에서 소매 판매를 하거나 뷔페식당 등을 통해 완전히 소진시켜, 단 한 품목도 재고를 남기지 않는다.

그가 성공할 수 있었던 세 번째 요인은 끊임없는 아이템 개발이다. 베벌리힐스의 고급 스시집들은 그날의 스페셜 메뉴가 얼마나 많은지에 따라 고객들의 반응이 달라진다. 결국 식당들도 늘 새로운 아이템에 목말라하기 때문에 이것을 곧 고객 개발의 수단으로 이용할 수 있

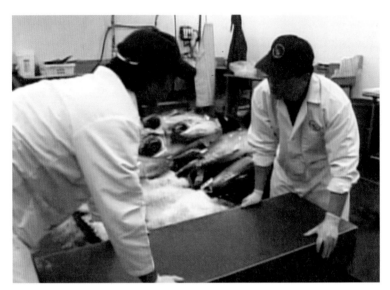

CEO는 현장을 알아야 한다

는 것이다. 그가 일주일에 두 차례나 일본으로부터 물품을 들여오고 새 물품의 목록을 업체들에게 팩스로 알리며 회사의 웹 사이트에까지 올리는 것은 다 이런 이유에서다. 그의 이런 신속하고 정확한 사업 운용 능력은 "어제 도쿄 시장에 나온 물건을 보고 싶으면 오션 프레시 피시로 가라"는 말을 만들어냈을 정도다.

　이런 사정이다 보니 그는 한 달에 몇 번씩 일본은 물론 하와이, 캐나다 등으로 출장을 떠난다. 냉동이 아닌 선어를 선호하는 최근 미국 수산물 시장의 흐름과 그의 부지런함이 좋은 궁합을 이루고 있는 것이다. 현재 오션 프레시 피시는 아프리카와 멕시코의 오지까지 총 30여 개국에서 300여 종의 수산물을 수입하고 있다. 또 산지에서 막 잡아올린 생선을 현지 지점의 직원이 경매를 통해 구입하고 이것을 24시간 내에 고객에게 전달하기 위해 비행기에 태워 보내는 '생선 공수 대작전'이 날마다 펼쳐진다.

미국의 식탁을 내 품에

사실 흔히 말하는 3D 업체에 속하고 더구나 이른 새벽에 일을 시작해야 하다 보니 직원들의 어려움도 만만치 않다. 이런 상황을 고려해 그는 매니저급의 직원들에겐 특별히 대학에서 비즈니스를 공부할 수 있도록 배려하는 등 다양한 복지 혜택을 마련했다. 또 일을 직원들에게 맡겨두고 사무실에만 있는 것이 아니라 매시간 현장을 누비는, 행동하는 리더의 본보기를 보여주기 위해 애쓴다. 이런 그를 두고 직원들은 한결같이 그를 존경한다고 말한다.

"김영완은 리더십의 본보기라고 할 수 있다. 다른 회사는 CEO가 위층에만 앉아서 작업을 살펴보는 경우가 많은데 그는 직접 일선에서 활동한다. 우리는 그 점을 높이 평가한다."

UCLA에서 피아노를 전공하는 딸과 경영을 전공하는 아들을 두고 있는 그는 얼마 전 서울의 남산과도 같은 로스앤젤레스의 그리피스 천문대에 처음 올랐다. 그리고 이곳에서 자신의 20년 세월을 되돌아보았다. 숨 돌릴 틈 없이 바빴던 지난 세월, 꼬맹이였던 아이들은 어느새 자라 어엿한 숙녀와 건장한 청년이 되었다. 또 트럭 한 대의 생선 장수는 캘리포니아를 넘어 미국 전역을 넘보는 수산물 회사의 대표로 거듭 났다. 하지만 아직 할 일이 많이 남아 있고, 그의 도전도 여전히 끝나지 않았다.

로스앤젤레스의 아침을 깨우는 수산왕 김영완. 천천히 한 걸음씩 내딛었던 그가 이제 성큼성큼 미국인들의 식탁으로 다가가고 있다. 예전보다 보폭은 커졌지만 '욕심 부리지 않기', '결코 실망하지 않기', '어느 순간도 포기하지 않기'라는 그의 사업 모토는 오늘도 유효하다.

김영완 이메일 oceanfreshfish@sbcglobal.net
홈페이지 www.oceanfreshfish.net

배효섭

갈라티아 캐대시 타조 농장주

목축의 나라
뉴질랜드에
타조 왕국을 세우다

때로는 위기를 느끼기도 했고,

때로는 절망하기도 했지만

숨 쉬는 한 생각하고 또 생각하며 움직였다.

그리고 하나를 이루면

또 새로운 하나를 찾기 위해 밤잠을 설쳤다.

할 수 있다는 각오와 패기로 뭉쳐라.

나는 지구인이다.

뉴 질랜드 사람들에게 타조는 영어 오스트리치Ostrich 대신 우리
말 타조Tajo로 통한다. '타조'라는 브랜드로 뉴질랜드 사람들
의 입맛을 사로잡은 한국인 배효섭이 있기 때문이다. 뉴질랜드 타조
고기 시장의 99퍼센트를 장악하고 있는 그는 현재 동양인 최초로 뉴
질랜드 타조 협회장까지 맡고 있는 말 그대로 '타조왕'이다.

천혜의 자연환경을 가진 뉴질랜드는 목축업에서 타의 추종을 불허
할 만큼 세계적으로 명성이 높은 곳이다. 하지만 이런 뉴질랜드에서조
차 감히 도전하지 못했던 품종이 바로 타조다. 남아프리카 등지에서는
이미 타조를 사육하고 그 고기를 유통해왔으나 유럽을 비롯한 많은 나
라에서는 여전히 전통적인 육류로 소, 돼지, 양을 취급할 뿐이다.

하지만 오늘날 타조 고기는 광우병의 여파로 쇠고기에 대한 두려움
이 확산되면서 조금씩 차세대 육류로 각광 받고 있다. 미국의 〈내셔널
큐리너리 리뷰〉는 타조 고기를 '다음 세기 최고의 붉은색 고기'로 평
가하고 있다.

배효섭이 처음 한국을 떠난 해인 1997년 타조 고기는 뉴질랜드에서
몇몇 미식가들만 찾을 뿐 대중적인 지지도가 별로 높지 않았다. 그가
소나 양이 아닌 타조를 선택하자 현지 사람들 대부분이 고개를 저었던
것도 이 때문이었다. "왜 힘들게 새로운 것을 찾느냐?" "아마 1, 2년
안에 망하고 말 것이다." 이렇게 현지인뿐만 아니라 교민들까지도 손
사래 쳤던 타조를 그는 불과 10년이 채 안 되는 시간에 최고의 육류로
만들고 이것으로 뉴질랜드 시장을 개척했다. 무조건 될 것이다, 할 수
있다고 생각한 그는 이미 한국을 떠나는 순간 자기의 숙명을 알아채는

인생의 제2막은 편히 앉은 채 열리는 게 아니다

동물적 육감을 가지고 있었는지도 모른다.

증권회사 펀드매니저, 인생 2막을 열다

배효섭이 뉴질랜드행을 결심하던 시기, 한국에는 IMF 외환 위기의 먹구름이 서서히 몰려오고 있었다. 유명 증권회사의 펀드매니저로 일하던 그는 기업들이 지나치게 해외 투자에 치중하는 것을 보고 무언가 위험한 일이 생기리라 직감했다. 그리고 미련 없이 20년 동안의 회사 생활을 접고 뉴질랜드로 날아갔다.

미국이나 캐나다 등 다른 나라를 찾아갈 수도 있었지만 그는 IMF의 위기를 감지했던 탁월한 감각으로 뉴질랜드를 선택했다. 그는 특히 깨끗한 자연환경을 지니고 있고 전 분야에서 경쟁이 그다지 치열하지 않다는 점, 그리고 목축이나 관광에서 새로운 시장을 개척할 수 있는 가능성이 많을 것이라는 점에서 뉴질랜드에 많은 점수를 주었다.

당시 막내는 초등학교 4학년이었다. 아이들을 데리고 가야 한다는 부담이 그에게 적지 않은 두려움과 불안감을 심어준 것은 사실이다. 그러나 그는 두려움의 무게를 이겨내고 뉴질랜드로 들어온 바로 다음 날부터 박람회를 찾아 이곳저곳을 돌아다니기 시작했다. 새로운 나라에서 인생의 제2막을 열어야 했던 그로서는 잠시도 편히 앉아 있을 수 없는 시간이었다. 목축과 관광 박람회, 엑스포를 중점적으로 쫓아다니며 새로운 블루 오션을 찾던 어느 날, 그는 타조를 발견했다. 타조 박람회가 열린 것이다. 그의 성공 센서는 이것을 놓치지 않았다.

'그래, 타조다. 광우병, 구제역의 자리를 대신할 것은 타조밖에 없다.'

그는 타조에 대한 정밀 분석에 돌입했다. 저지방, 저칼로리의 타조 고기가 차세대 웰빙 음식으로 자리매김하는 것은 시간문제였다. 타조는 사육 방법이 간단하고 배설물이 적으며 맛은 쇠고기와 비슷하면서도 콜레스테롤까지 낮은 고급육이었다. 그리고 다행히 뉴질랜드에서 타조 사육은 경쟁이 그다지 심하지 않았다. 물론 이미 형성된 시장 안으로 들어가는 일 자체의 경쟁은 있었지만 일단 들어가기만 하면 가능성이 있었다. 배효섭은 시장은 내가 만들면 된다는 각오로 타조 사육을 결심했다. 뉴질랜드에서 소나 양은 그들만의 전통적인 방식과 경험으로 오랫동안 사육해온 대표적인 가축이기 때문에 그 벽이 너무나 공고해 자신이 치고 들어갈 틈이 많지 않다고 판단한 것이다.

결심하는 그 순간 바로 실천에 옮긴다

결심하는 순간 바로 실천에 옮기는 성격의 배효섭은 곧바로 뉴질랜드의 대도시 오클랜드에서 20킬로미터 떨어진 곳에 3억 원을 들여 1만 5,000평 규모의 농장을 구입했다. 혈통이 좋은 타조를 번식시키는 일종의 '씨 농장'을 마련한 것이다. 전 재산을 처분해서 왔으니 이제 돈은 얼마 남지 않았다. 그러나 씨 농장에서 준비한 타조를 제대로 기르기 위해서는 더 큰 땅이 필요했다. 시설 역시 본격적인 사육을 위해 좀 더 확충할 필요가 있었다. 그래서 마련한 것이 지금의 '갈라티아 캐대쉬 타조 농장Galatea Kadesh Ostrich Ranch'이다. 뉴질랜드 최고의 국립공원 중 하나인 유레웨라 국립공원 인근에 마련한 농장에서 사육과 고기 생산을 겸하기로 한 것이다. 이때 필요한 돈은 집과 땅을 담보로 현지 은행에서 대출받았다.

뉴질랜드는 '축복받은 땅'이라는 이름의 의미만큼 자연 풍광이 뛰어나고 산과 물이 모두 깨끗한 곳이다. 한국인의 뉴질랜드 이민 역사가 오래되지 않았지만 많은 사람이 이민국으로 뉴질랜드를 선호하

누구나 손사래 쳤던 타
조가 이제 최고의 육류
가 되었다

는 이유 중에는 바로 이런 깨끗한 자연이 주는 막연하지만 긍정적인
기대감도 있다. 문제는 인구가 적고 산업이 다양하게 발달하지 않았
다는 것이다. 이로 인해 대부분의 뉴질랜드 이민자들은 대졸 학력과
몇 억 정도의 기본 재산을 가지고도 마땅한 일자리를 찾지 못해 수년
내 재산을 탕진하는 일이 비일비재하다. 결국 집과 차를 사고 나면
돈은 사라지고 골프와 낚시로 몇 년의 세월을 보내는 동안 일에 대한
의욕마저 꺾이는 것이다. 뉴질랜드 한인들의 대부분이 식당, 선물 가
게, 식품 가게 등을 운영하며 살아가는 것을 보면 이곳에서 새로운
일을 찾기란 얼마나 어려운지 알 수 있다. 타조왕 배효섭의 활약이
빛나는 것도 이런 이유에서다. 그는 아예 처음부터 새로운 일을 찾겠
다는 각오로 나섰고 뉴질랜드에 들어와서는 현지의 농민들과 주로
어울렸다.

　이 당시 그는 '나는 뉴질랜드인이다' 라는 각오로 일했다. 시간이 날

새벽 네 시, 부화장을 살피는 것으로 일과는 시작된다

때마다 현지의 농민들을 찾아다녔고 아예 한 달에 몇 번씩은 자신의
농장으로 주민들을 불러 파티 아닌 파티를 열기도 했다. 뭘 해낼까 의
심스러워하던 주민들도 그에게 조금씩 마음을 열기 시작했다. 그는 하
루에도 몇 번씩 자기 자신에게 최면을 걸었다. 한국에서의 모든 기억,
자신이 잘나가는 증권사의 펀드매니저였다는 기억도 모두 지워버리고
오로지 '나는 농군이다, 나는 타조 농사를 짓는 뉴질랜드인이다' 라는
생각을 뼛속 깊이 새겼다.

가족과의 생이별, 그래도 나는 행복하다

이 시기 배효섭에게 또 하나의 어려움이 찾아왔다. 바로 가족과 떨어져 살아야 했던 것이다. 오클랜드 현지에서 농장까지는 차로 거의 세 시간이 걸렸다. 한국의 서울과 대전 간 거리보다 더 먼 거리를 떨어져 지내야 했고 농장을 시작하고 근 8개월간은 가족과 완전히 생이별을 해야 했다. 내 땅도 아닌 남의 땅에서 지내는 것만으로도 힘든 일인데 그 나라에서 또다시 이별 아닌 이별을 해야 했던 것이다. 그의 아내는 당시 처음 일을 시작한 남편을 보고 혼자 집으로 돌아오며 몇 번이나 눈물을 훔쳐야 했다. 운전을 못할 정도로 퉁퉁 부은 눈으로 농장을 오가던 때, 어느 날은 하도 잠을 자지 못해 얼굴이 완전히 부어 있는 남편의 모습을 보고 놀란 적도 있다. 그래도 그는 아내를 보고 웃으며 "내 일을 하니 행복하고 재미있다"고 말했다.

실제로 그는 어느 한순간도 자신을 의심하지 않았다. 처음에는 타조를 부화시키는 데 실패해 알을 몇 번이나 버려야 했고, 아침저녁의 온도와 습도를 제대로 맞추지 못해 밤잠을 설쳐가며 부화실을 지켜야 하기도 했다. 하지만 이 혹독한 과정을 겪으면서도 재밌다며 웃을 수 있었던 것은 애초부터 이 일이 자신의 천직이라고 생각했기 때문이었다. 대부분의 사람들이 목구멍이 포도청이라고 한탄하며 억지로 일하는 이민 생활에서 그는 마음가짐을 전혀 새롭게 했던 것이다. 그는 오히려 '내가 제일 잘 하는 일을 한다'고 생각했다. 손에 흙 한번 제대로 묻히지 않았던 서울 생활에 익숙한 그에게 분명 농장일은 새로움을 넘어 힘겨움 그 자체였을 것이다. 그러나 그는 '재미있다, 할 수 있다'는 생각을 하루에도 수십 번씩 하며 자기 자신을 다독였다.

물론 밤늦은 시간 아무도 없는 농장의 숙소로 돌아올 때는 괜히 눈물도 나고, 어둠이 싫어 사방에 불을 환히 켜놓고 지낸 적도 많았다. 영어가 편하지 않던 초창기에는 한밤중 농장에 비상사태가 발생해도 주변에 제대로 도움을 요청할 수 없어 적잖은 어려움을 겪기도 했다. 당장 부를 지원군 한 사람 없다는 것이 새삼 서글퍼졌던 것이다.

시장이 없다면 내가 만든다

이렇게 공들여 생산한 타조 고기를 이제 시장에 팔아야 했다. 그러나 목축의 나라라는 뉴질랜드 사람들에게조차 타조 고기는 생경한 고기였다. 무슨 맛인지도 모르고 더구나 아프리카에나 있다고 생각한 타조라니, 사람들의 주머니는 쉽게 열리지 않았다. 이때도 역시 배효섭 특유의 돌파 능력이 빛을 발했다. 그는 우선 시식회를 해보기로 했다.

배효섭은 먼저 뉴질랜드 사람들이 가장 많이 모인다는 럭비 경기장을 찾아 타조 버거, 타조 스테이크 등을 무료로 나눠주기 시작했다. 결과는 대성공이었다. 쇠고기 맛에 길들어 있던 사람들의 입에서 저마다 한 마디씩 나온 것이다. "쇠고기하고 비슷한데 더 부드럽네요", "너무 맛있어요, 무슨 고기예요?", "어디서 살 수 있죠?"

재미있다고 웃을 수 있는 일이 바로 천직이다

여기에 그치지 않고 그는 아예 고기를 들고 최고급 레스토랑들을 찾아다녔다. 또한 요리사들이 즐겨 보는 잡지를 찾아 타조 고기를 소개하고 새로운 메뉴를 사진으로 올리는 등 타조 고기 전령사로서 사방 각지를 뛰어다녔다. 그는 초등학교 급식 시장도 노렸다. 그리고 특히 고급 식당으로 알려진 일식당에는 타조 스시, 타조 샤브샤브, 타조 전골 등 동양식의 메뉴를 선보이며 현지 요리사들을 설득하기 시작했다.

이렇게 각고의 노력을 기울이길 몇 년, 이제 뉴질랜드에서 타조 고기는 쇠고기의 두 배에 해당하는 가격에도 불구하고 많은 사람이 찾는 고급육으로 자리 잡았다. 더구나 대형 마트를 통해 유통되기 시작하면서 일반인들 누구나 타조 고기를 쉽게 접할 수 있게 되었다. 말 그대로 무에서 유를 창조한 것이라 해도 과언이 아니다.

그가 얼마 전 뉴질랜드 타조 협회장의 자리에 오르고 현지 정·재계의 주목을 받기 시작한 것도 이런 도전 정신과 시장을 개척할 줄 아는 기업가 정신이 있었기에 가능했다. 실제로 뉴질랜드 국민당 대표인 존 키는 "뉴질랜드에서는 새로운 시장을 개척하고 경제를 튼튼하게 만드는 배효섭과 같은 사업가들을 적극 후원한다"며 그의 성공에 박수를 보냈다. 그는 또 "뉴질랜드처럼 전통적으로 양고기를 많이 먹어온 나라에서 이처럼 새로운 육류 산업을 일으키는 것은 힘든 일이다. 그런데 배 사장은 성공했다. 대단한 사람이다"라고 말하기도 했다.

배효섭이 이들에게 박수를 받는 이유는 타조 고기가 뉴질랜드 수출 품목 중 상위권에 랭크되어 있기 때문이다. 그는 현재 뉴질랜드 현지 타조 공급의 99퍼센트, 정말 모두라고 해도 무방한 양을 책임지고 있고 생산량의 70퍼센트를 유럽과 미국 등에 수출하고 있다. 실로 뉴질랜드 수출의 보배나 다름없는 그의 농장은 뉴질랜드 정부로부터 소중한 기업으로 대우받고 있다.

모든 것은 아이디어로 승부한다

현재 배효섭의 농장에는 단 네 명의 직원이 근무하고 있다. 오클랜

드 현지의 사무실에 마케팅을 담당하는 다른 직원들이 더 있지만 농장에서 일하는 순수 인력은 그를 포함해 다섯 명에 불과하다. 30만 평, 3,000마리의 타조를 돌보는 인력으로는 턱없이 부족해 보이지만 그는 아무런 문제 없이 이 농장을 운영하고 있다. 더구나 타조가 즐겨 먹는 '루슨'이라는 풀까지 직접 재배하고 있어 많은 손이 필요할 것 같지만 그는 철저한 기계화로 작업을 간편화했다. 실제로 아침마다 3,000마리의 타조에게 사료를 주는 데 걸리는 시간은 불과 한 시간 반. 아침을 여는 이 일은 가장 중요한 일이지만 기계화를 통해 시간을 아껴 남는 시간을 더 많은 일에 할애할 수 있도록 했다. 그와 함께 일하는 직원들이 한결같이 그가 최고의 아이디어맨임을 강조하는 이유도 이 때문이다.

"사장님은 아이디어가 많은 분이다. 일을 더 쉽게, 더 잘할 수 있는 방법을 알고 있다. 그는 늘 생각을 멈추지 않는다. 머리를 써서 일을 더욱 효율적으로 한다."

그에 대한 이 같은 평은 그가 타조 농장을 운영하며 만들어낸 각종 수익 모델을 보면 더 잘 이해할 수 있다. 2006년 그의 농장이 타조 고기로 벌어들인 순수익은 1억 원 정도다. 그러나 이것보다 더 많은 수익을 내고 있는 것은 농장 투어 형식의 농장 견학 프로그램이다.

농장을 관리하던 어느 날 그는 이 넓은 공간을 더 효율적으로 사용할 수 있는 방법이 있지 않을까 고민했다. 이러한 고민 끝에 떠올린 것이 바로 농장 투어다. 뉴질랜드 현지에서도 타조 사육은 흔하지 않은 일이라 다른 나라에서 오는 관광객들에게도 좋은 구경거리가 되겠다

농장 투어는 사람들에게 타조에 대한 새로운 인식을 심어주었다

고 생각한 것이다.

그의 말대로 타조는 버릴 것이 하나도 없는, 모두 돈이 되는 품종이다. 타조 고기 하나만 하더라도 세계 심장재단이 인류의 건강 식육으로 추천했을 만큼 저칼로리, 저지방, 저콜레스테롤의 우수한 육류다. 타조 가죽은 가방과 핸드백, 구두, 지갑 등 거의 모든 기존의 가죽 제품을 대체할 수 있는 재료로 평가받고 있다. 타조 깃털 역시 장식용은 물론이요 고급 전자제품의 먼지떨이용으로 인기가 높다. 또 타조 알은 식용뿐만 아니라 각종 의약품과 공예품의 재료로 쓰이며 심지어 타조의 발톱과 다리뼈는 보석류나 장신구의 마감재로 사용되기 때문에 타조는 가히 화수분 소리를 들을 만큼 쓸모가 많다.

배효섭은 바로 이 부분에 주목했다. 그는 농장 투어를 통해 사람들에게 타조에 대한 새로운 인식을 심어주면서 잠재적인 타조 고기 고객을 만들어냈으며 더 나아가 각종 부산품까지 판매하는 실익을 올렸다.

처음 타조 고기를 홍보하던 때 그는 '오늘 타조 고기를 알리지 않으면 내일은 없다'라고 생각하며 마음을 다잡았다. 결국 그의 이러한 각오는 타조 고기를 넘어 타조 자체에 대한 인식을 바꾸는 데 일조했고 이것은 다시 그의 사업을 더욱 든든하게 뒷받침하는 힘으로 돌아왔다. 그 결과 오늘날 그의 사업은 목축업에 그치지 않고 관광과 가죽, 의약품, 공예 산업으로까지 연결될 수 있었다. 뉴질랜드가 사업가 배효섭을 눈여겨보고 감사를 표하는 것도 이런 이유에서다.

앉아서 얻는 것은 하나도 없다

앉아서 얻는 것은 하나도 없다

배효섭의 성공은 특히 '앉아서 얻는 것은 하나도 없다' 는 평소의 지론 덕분이기도 하다. 타조 사육에서부터 배달까지 그의 손이 닿지 않는 곳이 없다. 지금도 새벽 네 시면 잠자리에서 일어나 부화실을 살피고 직원들과 함께 사료를 주며 알을 다듬고 청소하는 일을 하루도 빠짐없이 진행하고 있다. 또 여전히 부족한 시장을 확장하기 위해 주말마다 시식회와 홍보전을 쫓아다니는 것도 그의 일이다. 결코 남에게 맡겨서만은 안 된다는 생각으로 하루도 빠짐없이 현장을 누비는 것, 이것이 배효섭의 오늘을 가능케 한 요인이다.

타조 고기는 이제 뉴질랜드의 대표적인 수출품이 되었다

　사람들은 이방인에 대해 궁금할 때 '당신은 어느 나라 사람입니까?'라는 질문을 자주 던진다. 배효섭은 이 질문에 대해 "나는 지구인입니다"라는 대답이 앞으로의 세상을 움직이는 화두가 될 것이라고 생각한다. 이것이 참다운 세계화의 핵심이라는 말이다. 어디든 갈 수 있고 어디서든 내 땅처럼 일할 수 있다는 각오, 누구와도 친구가 될 수 있다는 열린 사고의 소유자라면 그는 곧 세계화의 참 의미를 터득한 사람이다.

　때로는 위기를 느끼기도 했고, 때로는 이대로 무너지는 것인가 하고 절망하기도 했지만 숨 쉬는 한 생각하고 또 생각하며 움직였다는 배효섭. 하나를 이루면 또 새로운 하나를 찾기 위해 밤잠을 설치며 분석하고 실천하는 사업가 배효섭. 그는 많은 젊은이가 자신을 벤치마킹하기를 원한다. 할 수 있다는 각오와 패기로 자신을 찾는 이가 있다면 누구든 마다하지 않고 생각을 나누고 미래에 대해 토론할 준비가 되어 있다.

뉴질랜드의 어느 하늘 아래 한국인은 아주 큰 우군을 두었음이 틀림없다.

배효섭 이메일 tajo@ostrichmeat.co.nz
홈페이지 www.tajo.com

이동욱

두산 인프라코어 유럽 법인장

굴착기 박사
유럽 시장을 파고들다

성공한 경우보다는 실패한 경우가 훨씬 더 많다.

열 번을 시도해서 그중 하나가 성공하면

그것은 회사에 큰돈을 벌어줄 수 있지만

나머지가 모두 쓸모없는 것은 아니다.

나머지 아홉 개는 자신과 회사에 소중한 경험으로 쌓이고

그것이 결국 노하우가 된다.

중요한 점은 실패할 것을 두려워해서 하지 않는다면

기회도 없다는 것이다.

유럽연합EU의 본부가 있는 유럽의 심장부 벨기에. 이곳에는 서유럽에서 유일하게 기계류를 생산하는 한국 기업, 두산 인프라코어가 있다. 현지 법인에서 일하고 있는 두산 직원은 350여 명. 이들을 책임지고 있는 사람은 이동욱 법인장이다. 20여 년을 굴착기 개발에만 매달린 엔지니어였던 그는 40대 중반이라는 젊은 나이에 유럽 시장을 총괄하는 신임 법인장이 되었다.

이곳에서 판매하는 대부분의 굴착기는 거의 모두 그의 손을 거쳤다. '굴착기 박사'로 통하는 그는 실제로 이 분야를 깊이 공부해 박사 학위까지 취득했다. 한국 본사에서 근무하던 시절에도 다양한 형태의 굴착기 개발에 힘썼고 기존 굴착기의 기능을 향상시키는 데 많은 공을 세웠다. 그 결과 건설기계 산업 발전에 기여한 공로를 인정받아 산업자원부 장관 표창을 받았을 정도로 이동욱 법인장은 굴착기에서 누구도 따라올 수 없는 전문가로 통한다.

특히 굴착기의 소음 때문에 유럽에서 판매가 어려웠던 시절, 이 문제를 해결한 이도 바로 이동욱 법인장이다. 이렇게 20년이 넘는 세월을 굴착기와 함께 울고 웃으며 보낸 그가 이번에는 건설기계 분야에서 빠른 성장세를 보이고 있는 유럽을 책임지는 법인장으로 자리를 옮긴 것이다.

한국 굴착기, 유럽 시장을 파고들다

지난 1990년 벨기에에 설립한 두산 인프라코어 유럽 법인은 유럽 지역 생산 및 판매 거점으로서의 역할을 수행하며 2001년 이후 현재까지 연평균 약 14퍼센트의 판매 신장률을 보이고 있다. 특히 연평균 14퍼센트의 성장률은 유럽 지역 건설기계 시장의 평균 성장률인 6퍼센트를 훨씬 웃도는 수치로, 두산 인프라코어의 등장은 유럽 시장의 판도를 바꿀 만큼 위협적인 것으로 인식되고 있다.

현재 두산 인프라코어는 유럽 건설기계 시장 점유율 7위를 차지하고 있다. 이 유럽 건설기계 시장은 현재 주요 5개 국가에서 전체 시장의 75퍼센트를 차지하고 있는데, 두산 인프라코어의 주력 모델인 중대형 굴착기의 시장 점유율에서는 영국, 스페인, 포르투갈, 핀란드, 폴란드 등이 수위를 차지하고 있다. 두산 인프라코어 유럽 법인과 이동욱 법인장은 이미 거인들이 점령하다시피 한 거대 왕국으로 뚫고 들어가 2007년 말 전체 시장 점유율 5위, 이후 3위 달성을 목표로 활동을 시작했다. 다행히 두산 인프라코어의 주요 국가 판매 신장률은 두드러지게 뛰고 있다. 이탈리아에서는 2007년 한 해만도 전년 대비 48퍼센트, 프랑스에서는 43퍼센트, 스페인과 포르투갈 및 영국에서는 20퍼센트의 높은 신장률을 기록했다. 고지가 멀지 않았음을 입증하고 있는 것이다. 이동욱 법인장은 이렇게 무서운 기세로 성장하고 있는 두산 인프라코어의 유럽 법인을 이끌고 있는 주인공이다.

이 유럽 법인을 성공 궤도에까지 올려놓은 그만의 뛰어난 리더십과

두산 인프라코어 유럽 법인은 서유럽에서 유일하게 기계류를 생산하는 한국 기업이다

친화력은 유럽 법인 구성원들의 면면을 살펴보면 더 잘 알 수 있다. 현재 이 법인에서 일하고 있는 한국인 주재원은 불과 일곱 명이며 나머지 340여 명은 모두 이탈리아, 벨기에, 프랑스 등 다양한 국적의 소유자들이다. 이동욱 법인장은 두산 인프라코어 유럽 법인이 한국인만의 회사로 인식되는 것을 막고자 애쓰고 있다. 다양한 나라의 사람들이 모여 일하는 곳인 만큼 어디서도 그 예를 찾아볼 수 없는 뛰어난 글로벌 기업으로 만들기 위해 노력하고 있는 것이다.

한국인답지 않은 한국인

그의 이런 노력은 조급하지 않게, 지나치게 빠르지 않은 템포로 진행됐다. 대부분의 외국인은 한국인의 가장 큰 특징으로 '빨리빨리'를 꼽는다. 한국에서는 무엇이든 빨리 결정하고, 빨리 눈에 보이는 성과를 내야하며, 인간관계에서도 빨리 친해지고 빨리 임의로운 관계를 만들어야 영업 잘 하는 사람, 사람을 잘 꾸리는 사람으로 평가받는다. 하지만 이런 특징은 사람들을 지나치게 성과에 매달리게 만들어 여러 가지 부작용을 낳을 수 있다. 특히 성과에 집착하는 사람은 실패를 실패 이상의 심각한 것으로 받아들여 다시 일어설 수 없을만큼 크게 절망하기도 한다.

이동욱 법인장은 바로 이런 면에서 '한국인답지 않은 한국인'으로 통한다. 그는 무엇을 하든 서두르는 법이 없다. 오히려 현지의 외국인 직원들보다 더 천천히, 그리고 꼼꼼하게 상황을 살핀다. 눈앞의 작은 이익보다 이후에 올 더 큰 이익을 고려하기 때문이다.

사람을 만날 때의 그의 태도와 표정은 상대방을 편안히 무장 해제시키는 것으로 유명하다. 그리고 그의 이러한 태도는 외국인 직원이 대부분인 현지 법인에서 더 큰 힘을 발휘한다. 충분히 듣고 이야기하기. 자신을 앞세우기보다 상대의 이야기에서 장점을 찾아보기. 사람을 상대할 때 항상 생각하는 이 원칙 덕분에 직원들 사이에도 자신을 앞세우기보다 조직을 먼저 생각하는 기업 문화가 형성됐고 다양한 인종임에도 한 가족 같은 분위기가 만들어졌다.

자기 자신에게 치열하다

이동욱 법인장이 유럽 법인을 성공적으로 이끌 수 있었던 또 하나
의 요인은 공격적이지 않지만 부지런하다는 것이다. 대부분의 해외 법
인들은 선언적으로 일을 진행하고, 경우에 따라서는 극히 공격적인 행
보를 보이는 특징을 지닌다. 물론 본사의 압력과 치열한 해외 현장에
서 살아남기 위한 나름의 자구책일 수 있으나 이동욱 법인장은 이런
면에서 전혀 다른 모습을 보인다. 그는 상황을 인지하고 빠르게 움직
이는 것과 공격적인 것은 전혀 다르다고 전제한다.

그가 유럽 법인에서 보여주는 이러한 근무 태도는 현지 직원들을
불안하지 않게 하는 중요한 요인이다. 새로운 법인장의 출현으로 웅성
이고 있던 사무실에 그는 옆집 아저씨 같은 편안한 모습으로 등장했고
역시 같은 태도로 사람들을 대했다. 또 이후 진행할 일이 무엇인지 전
쟁터로 나가는 군인들에게 선포하듯 지시하지 않고, 직원들을 하나하
나 만나며 차근히 설명하는 형태로 주지시켰다. 새 법인장의 이런 태
도는 특히 다국적 직원들에게 새로운 인식을 심어주었고 무엇보다 커
다란 심리적 안정을 주었다.

이처럼 업무에서는 공격적인 성향을 내보이지 않지만 그 자신은 누
구보다 치열하고 부지런한 사람이다. 그는 사무실에 앉아 업무를 살펴
보기에 앞서 현장에 나가 직접 딜러들을 만나고 시간이 날 때마다 각
국의 사무실을 찾아다닌다. 정말 부지런한 사람이 아니라면 엄두도 내
지 못할 일이다.

충분한 설명은 여러 국적의 직원들에게 심리적 안정을 줄 수 있다

　실제로 벨기에에서 독일로 넘어가는 길은 거의 800킬로미터나 되는 먼 거리다. 다른 직원들도 이틀, 사흘 잡는 출장 일정을 그는 단 하루 동안만 잡고 모든 일을 처리한다. 또 최근 성장세가 두드러지고 있는 동유럽 나라들을 다니는 데도 역시 하루 이상의 시간을 쓰지 않을 만큼 부지런하기로 유명하다. 그리고 출장 이후 반드시 사무실로 돌아와 하루 동안 처리하지 못한 일을 모두 마감한다. 비행기나 자동차의 여독이 채 풀리지도 않은 깜깜한 밤, 이미 불이 꺼진 사무실에 들어서는 사람은 이동욱 법인장뿐이다.

　그의 이런 근무 습관은 때로 일 중독이 아니냐는 오해를 불러일으키기도 했다. 오로지 회사와 집만을 오가는 그를 현지 사람들이 의심의 눈으로 바라본 것은 어쩌면 당연한 일인지도 모른다. 하지만 자신에게는 유독 엄격하면서도 직원들을 대할 때면 다시 편안한 옆집 아저씨로 돌아가는 그를 오랫동안 지켜본 직원들 사이에서 그에 대한 신뢰가 싹트기 시작했고, 이제는 오히려 직원들 스스로 이동욱 법인장을 따라 배우는 분위기가 형성됐다. 이동욱 법인장은 호통치고 요구하며 명령하기보다 단 한 번 스스로 실천하는 것이 리더십의 핵심임을 잘 알고 있었던 것이다.

굴착기를 사랑한 엔지니어

엔지니어 출신인 이동욱 법인장의 출현은 현지 공장은 물론이고 직원들에게도 상당히 많은 기대를 안겨주었다. 알면 보이고 보이면 느낀다는 말처럼 그는 굴착기를 '내 몸'이라고 말하며 '사랑한다'고까지 표현한다. 이런 그가 신기술에 대한 갈증으로 목말라하던 유럽 법인을 맡자 직원들은 한층 고무되었다. 특히 최근 유럽 시장은 점차 고성능, 고기술의 건설기계들뿐만 아니라 한국에서는 볼 수 없는 유럽형 기계들을 필요로 하기 때문이다. 대표적인 것이 레일웨이 머신이다.

일반 도로 위에서 작업하는 것이 굴착기라면 기차 레일 위에서 작업하는 특수 장비가 바로 레일웨이 머신이다. 현재 한국에서는 볼 수 없는 이 기계를 이동욱 법인장은 누구보다 잘 알고 있다. 그가 바로 엔지니어 출신이면서 실제 한국에서 이 기계의 베이스 머신이 만들어지는 과정을 목도했기 때문이다. 바로 이 베이스 머신을 유럽형으로 변형해 판매하고 있는 것이 레일웨이 머신으로, 지난 2007년 4월 바우마 전시회에서 큰 호평을 받기도 했다. 특히 이 레일웨이 머신은 테제베TGV 등 고속 전철이 많은 유럽에서 수요가 늘어나고 있어 두산 인프라코어 유럽 법인이 더 많은 신경을 쓰고 있는 제품이기도 하다.

이동욱 법인장은 바로 이러한 면에서 직원들과 말이 통하는 상사다. 심지어 애프터서비스가 필요한 작은 나사 하나, 부품 하나조차도 모르는 게 거의 없다고 할 만큼 이 분야에서 그는 최고의 실력을 보유하고 있다. 덕분에 현장의 직원들과 기사들까지 그와의 대화를 가장 반긴다. 유럽 법인이 최고의 화합을 자랑하며 마치 톱니바퀴의 톱니 하나하나가 맞물려가듯 전 부서가 자기의 역할을 충실히 수행할 수 있었던 데는 바로 이런 '전문가 수장'의 존재가 한몫했다.

이동욱 법인장이 유럽 법인을 성공으로 이끌 수 있었던 또 하나의 힘은 '실패에서 배운다'는 생각이다. 지금까지 수천수만 번 기계를 만들고 부수는 일을 반복해오며 그는 실패는 '없어지는 것이 아니라 그 자체로도 또 하나의 성과'라는 철학을 갖게 되었다. 기계 설계학을 전공한 덕분에 항상 기계를 만지며 살아온 그는 연구개발 부서에서 일하면서 성공보다는 실패를 더 많이 경험했다. 바로 이 실패를 바라보는 관점에 따라 앞으로의 성공 여부가 결정되는 것이다. 일례로 열 개의 제품을 개발해 그중 한 개를 성공시켰다면 이것 역시 큰 성공으로 보아야 한다. 그러나 나머지 아홉 개의 실패를 두려워해 새로운 것에 도전하지 않는다면 이것은 옳지 않다. 성공한 한 개의 제품은 회사에 큰 이득을 줄 것이고 그 외 아홉 개의 제품 역시 다음 개발을 위한 충분한 자원이 된다는 인식을 확고히 해야 한다. 물론 이 아홉 개의 실패가 겁이 나 아무것도 하지 않는다면 성공의 기회도 사라지는 것이다.

실패를 두려워하면 기회는 오지 않는다

실패를 두려워하기보다 오히려 즐기는 이동욱 법인장의 신념은 유럽 법인 직원들을 각성시키는 좋은 교훈이 되었다. 그리고 이러한 수장과 직원들이 똘똘 뭉쳐 일에 매진한 결과 한 해 생산 능력이 1,500대였던 유럽 법인은 현재 연간 5,000대의 생산 능력을 가지게 되었다.

성공보다 실패에서 더 많은 것을 얻는다는 이동욱 법인장. 그래서인지 그는 벨기에 현지에 있는 워털루 전쟁 기념관을 즐겨 찾는다. 다른 빛나는 성공의 현장도 많이 있지만 그는 항상 이곳을 찾아 나폴레옹이 왜 실패할 수밖에 없었는가를 곰곰이 되새겨본다. 무엇이 빛나던 나폴레옹을 낙마시켰는가를 생각할 때마다 오히려 더 큰 성공의 에너지를 얻는 것이다. 늘 겸손하게 실패를 염두에 두고 있는 사람, 그리고 이를 바탕으로 더욱 승승장구하고 있는 이가 바로 이동욱 법인장이다.

이런 그에게도 크나큰 시련의 순간이 있었다. 그의 원래 소속은 지금은 사라진 '대우종합기계'였다. IMF 외환 위기로 기업들이 하나둘 도산하던 시기, TV에서는 대우그룹의 최종 구조조정안이 확정됐다

그는 파란의 시간을 오히려 유리한 기회의 시간으로 만들었다

는 보도가 흘러나왔다. 오로지 굴착기 하나만 붙들고 연애하는 심정
으로 온갖 사랑을 쏟고 있던 그에게 이것은 청천벽력 같은 소식이었
다. 동료들은 하나둘 떠나기 시작했고 그 역시 당장 내일 어찌 될지
모르는 운명에 숨을 죽이며 살아야 했다. 다행히 굴착기 개발에서 최
고의 실력을 보유하고 있던 그는 대우를 인수한 현재의 두산 인프라
코어에 계속 몸담을 수 있었다. 그는 이곳에서 개발 팀장을 역임하고
이어 상무의 자리에 오르며 유럽 법인장 역할까지 도맡게 되었다. 이
처럼 언제 어떠한 상황에서든 굳건히 뿌리를 내리고 자신의 이파리
를 푸르게 펼칠 수 있었던 것은 그가 실패를 전혀 두려워하지 않았기
때문이다. 그는 이때의 어려움을 통해 가장 흔한 말이지만 부정할 수
없는 진리라고 믿게 된 말이 있다.

"위기는 기회다."

사람은 누구나 알 수 없는 미래, 당장 내일에 대한 두려움으로 언제
나 불안해하며 산다. 하지만 그는 단 5초 후 자신에게 무슨 일이 벌어
질지 모르는 인간의 나약함이 오히려 미래를 준비하는 힘이 된다는
사실을 깨달았다. 불안은 역설적으로 늘 준비하게 만드는 원동력이기
때문이다. 그리고 이렇게 다가올 위험에 준비하는 자세야말로 정말
큰 기회를 잡을 수 있는 든든한 힘이다. 이동욱 법인장 역시 자신에게
다가온 파란의 시간을 오히려 유리한 기회의 시간으로 만들었고 이
덕분에 자신이 만든 기계를 직접 유럽에 판매하는 행운까지 얻게 된
것이다.

침묵 속의 설득

그는 요즘 2010년 '유럽 내 건설기계 판매 5위'라는 목표를 향해 달리고 있다. 물론 이동욱 법인장 특유의 성격대로, 지나치게 몰아붙이지 않는 여유로움으로도 충분히 이 목표를 달성할 수 있다고 자신한다. 더구나 최근 벌이고 있는 '넥스트 데이 서비스'가 좋은 반응을 얻을 것이라는 확신으로 유럽 법인의 모든 가족은 예전보다 한층 더 고무돼 있다.

이 넥스트 데이 서비스는 유럽 시장에서는 흔치 않은 전략으로, 장비 고장이 접수되면 아무리 늦어도 다음 날까지는 수리를 완료해 정상 가동될 수 있도록 한다는 것이다. 이를 위해 충분한 애프터서비스 망을 갖춤은 물론, 판매하는 사람들을 대상으로 고객의 간단한 수리 요구 정도에는 즉각 응답할 수 있도록 전문적 기술 교육을 할 계획이다. 또 더 많은 사람에게 두산의 굴착기를 알리기 위해 유럽 전역을 대상으로 장비 시연회를 가질 계획이다. 그리고 지금까지 제대로 진입하지 못한 동유럽과 독일 등을 전략 지역으로 삼아 더욱 확고한 딜러들의 네트워크를 구축할 준비도 갖췄다. 특히 이 가운데 동유럽 국가는 최근 들어 점차 유로화가 대규모로 유입되고 있어 이머징 마켓으로서의 가치가 매우 높은 곳이다. 그는 이곳을 앞으로 유럽 전략의 중요한 축으로 삼으려고 한다.

앞으로 해나가야 할 이 많은 일을 위해 그는 특유의 조용한 파급력으로 직원들을 독려하고 있다. 일이 많아졌다고 해도 그는 절대 서두

늘 겸손하게 실패를 염두에 두어야 한다

르지 않는다. 늘 아무 말 없이 가장 먼저 출근하고 가장 늦게 퇴근하는
한결같은 자세를 보임으로써 직원들이 서두르거나 당황하지 않도록
뒷받침한다. 이러한 그에게서 두산 인프라코어 유럽 법인의 모든 직원
은 가장 신뢰할 수 있는 든든한 지도자의 면모를 보고 있다. 큰 목소리
로 '나를 따르라' 하고 외치지 않아도 조용히 사람들을 응집하고 감화
시키는 이동욱 법인장. 그가 오늘의 성공을 이룰 수 있었던 가장 큰 힘
은 바로 이 '침묵 속의 설득' 이 아닐까.

이동욱 이메일 dongwook.lee@doosan.com
두산 인프라코어 유럽 법인 홈페이지 http://eu.doosaninfracore.co.kr

나기열

LG전자 에콰도르 지사장

메이드 인 코리아
적도를 사로잡다

물건을 팔기에 앞서

사람의 마음을 얻는 것이 중요하다.

또 기업이 받은 사랑은 사회로 환원해야 한다.

일시적인 생색내기는 봉사가 아니다.

전 직원이 함께하는 봉사의 날,

의료 기관이 참여하는 오지 의료 봉사……

단순한 기업 마케팅 차원이 아니라

진실로 마음을 나누고 싶다.

에콰도르 전자제품 시장점유율 1위, 2006년 에콰도르 브랜드 인지도 조사 2위. 2006년 한해 매출 1억 5,000만 달러. 에콰도르 진출 5년 만에 이 같은 대기록을 세우며 전자제품 시장을 장악한 한국 기업이 있다. 바로 LG전자. 우리에게는 매우 친숙한 브랜드지만 머나먼 남미, 에콰도르에서 그 이름을 알리기까지는 지난한 노력의 시간이 필요했다. 적도의 땅에서 또 하나의 한류를 만든 사람들, 그 가운데 LG전자 나기열 지사장이 자리하고 있다.

인디오 원주민들과 백인들, 그리고 그들의 혼혈이 뒤섞여 있는 에콰도르는 잦은 분쟁과 몇 번의 쿠데타 등으로 인해 인구의 무려 70퍼센트가 빈곤층일 만큼 극심한 어려움을 겪고 있다. 따라서 이러한 환경에 놓인 사람들의 구매력은 그다지 높지 않을 것이라 쉽게 짐작할 수 있다. 많은 기업이 에콰도르에서의 적극적 마케팅을 사실상 포기하는 것 역시 어쩌면 당연한 일인지도 모른다. 더구나 파나소닉, 소니 등 굴지의 전자제품 기업들이 이미 확고하게 자리를 잡고 있는 상황이어서 누구도 에콰도르에서의 성공을 장담하지 못했다. LG전자만 하더라도 나기열 지사장이 오기 전까지는 연락사무소 형태의 사무실을 두고 있었을 뿐 본격적인 지사 설립을 꺼리고 있던 상황이었다.

대학에서 스페인어를 전공한 나기열 지사장은 전공의 특수성에 힘입어 약 6년간 콜롬비아에서 활동하다 에콰도르로 왔다. 그가 첫발을 내디딘 에콰도르에는 여전히 정치적 불안이 상존했고 특히 좌파적 성향이 짙어 언제 어떻게 짐을 싸야 할지 모르는 위험이 곳곳에 도사리고 있었다. 그런데 이 위험 속에서도 인구의 30퍼센트인 부유층이 소비하는 돈은 상상을 초월할 정도였다. 즉 이들은 언제든지 자신이 원하는 물건을 만나면 주머니를 열 준비가 되어 있는 사람들이었다. 여타의 기업들과 담당자들이 에콰도르가 지닌 위험 요소만을 신경 쓰며 머뭇거리는 동안 나기열 지사장은 바로 이들에 주목했다.

유능한 인재를 잡아라

에콰도르에 입성한 나기열 지사장은 우선 연락사무소를 지사로 전환하는 일부터 시작했다. 이 과정에서 그는 전반적으로 교육 수준이 낮은 에콰도르 현지에서 적당한 인력을 구하기 어렵다는 사실을 깨닫고 먼저 각 대학에 인턴십을 요구했다. 대학과의 이 연계는 우수한 인재들에게 에콰도르의 LG전자로 갈 수 있는 지름길을 열어주었고, LG전자도 능력 있는 학생들을 먼저 시험해볼 수 있는 일거양득의 기회가 되었다. 이렇게 해서 총 30여 명의 직원들이 채용되었다.

가장 기본적인 요건인 인력이 갖춰지자 다음으로 그는 무엇을 어떻게 팔 것인가를 고민하기 시작했다. 그는 먼저 에콰도르 사람들을 살폈다. 특히 그들이 무엇을 좋아하고 즐기며 어떤 상황에서 가장 행복해하는가를 집중적으로 관찰했다. 에콰도르의 사람들은 남미의 열정을 고스란히 지닌, 즐길 줄 아는 사람들이었다. 그들은 아무리 힘들고 어려운 일이 있어도 어디에서든 춤을 추고 노래했으며 세계 어느 민족에 뒤지지 않을 만큼 음악을 사랑했다.

감성으로 통하는 사람들. 나기열 지사장은 그들을 이렇게 정의했다. 무엇보다 에콰도르 사람들은 아무리 좋다고 해도 자신들이 직접 체험해본 것이 아니면 쉽게 신뢰하지 않았다. 적도의 사람들은 역시 뜨거웠다. 이제 그 뜨거움을 어떻게 안을 것인가가 나기열 지사장의 숙제였다.

에콰도르의 열정을 사로잡다

뜨거운 열정으로 에콰도르를 감동의 도가니에 몰아넣은 '감성 마케팅'은 이렇게 시작됐다. 먼저 일상적으로 진행해오던 광고 기법부터 바꿔야 했다. 신문과 방송 광고는 과감히 줄이고 신제품이 나오면 직접 물건을 들고 거리로 나섰다. 그렇다고 아무런 준비 없이 거리로 나서는 것은 무모한 일이었다. 일단 방송 프로그램을 공략하는 것이 중요했다. 나기열 지사장이 제안한 에콰도르 방송의 〈LG 가라오케〉라는 프로그램은 바로 이런 감성 마케팅 전략의 신호탄이었다. 매장에서 물건을 판매하기에 앞서 사람들의 궁금증을 자극하는 것, 방송에 출연한 사람과 자신을 동일시하려는 사람들이 결국 그 물건을 갖게 만드는 것, 그가 선택한 이 홍보 전략은 에콰도르에서 가장 많은 시청자를 보유하고 있는 테세 방송국TCTV에서 실현됐다.

그는 방송국에 〈LG 가라오케〉라는 프로그램을 토요일 황금 시간대에 편성할 것을 제안했다. 이 프로그램은 한국의 〈도전 1000곡〉과 유사한 성격을 지닌 것으로, 에콰도르의 유명 연예인들이 출연해 남녀로 나뉘어 서로 노래 대결을 펼치는 방식으로 구성되었다. 이 프로그램의 성공으로 'LG 가라오케'라는 이름을 가진 오디오는 없어서 팔지 못할 만큼의 큰 인기를 얻었다.

그의 감성 마케팅은 이것으로 끝나지 않았다. 그는 일반인들도 〈LG 가라오케〉에 출현하는 연예인들처럼 노래 솜씨를 뽐낼 수 있는 기회의 장을 마련했다. 주말마다 대형 쇼핑몰 앞에서 일반인들이 참여하는 〈LG 가라오케〉를 하나의 이벤트로 개최한 것이다. 누구나 참여할 수 있고 평소 좋아하던 연예인의 얼굴도 볼 수 있어 이 시도는 사람들의 시선을 끌기에 충분했다. 특히 사람들에게 LG에서 출시한 각종 전자제품을 부상으로 주면서 홍보 효과는 극대화됐다. 에콰도르에서 LG가 '가장 갖고 싶은 전자제품 브랜드' 제1순위로 올라선 것이다. LG 가라오케 오디오가 더 큰 인기를 누리게 된 것은 물론이다.

그리고 두 번째, 나기열 지사장은 체험과 감성을 겸비한 제품 알리기에 나섰다. 이번에는 전자레인지에 주력할 차례였다. 오븐 문화가 일반화된 에콰도르에서는 전자레인지라는 제품 자체가 생소한 만큼 필요성 또한 많이 느끼지 못하는 상황이었다. 그러나 그는 에콰도르 여성들의 사회 참여 욕구가 강해지고 있고 실제로 사회에 진출하는 여성의 수가 증가하고 있다는 점을 간파했다. 사회생활과 가사를 병행하는 바쁜 여성들에게 전자레인지의 편리함은 충분히 설득력을 지닐 것이라는 확신이 있었던 것이다. 그는 당장 쇼핑몰에서 전자레인지를 이용한 요리 시범에 나섰다.

그들이 무엇을 좋아하고 즐기는가를 파악하는 것이 관건이다

전자제품 몰에서 솔솔 풍기는 음식 냄새. 고객들의 거부감을 사지는 않을까 우려했던 마음은 일시에 사라졌다. 역시나 여성 소비자들의 관심이 컸고 특히 전자레인지를 이용한 간단한 요리 시범을 보며 너도나도 해보고 싶다는 욕구를 갖게 된 것이다. 그 결과 LG는 에콰도르 전자레인지 판매 분야에서도 1위를 차지하게 되었다.

여기서 기업명이 들어간 방송 프로그램 이름, 전자제품 몰 안에서의 요리 시범 등이 어떻게 가능했을까 하는 의구심이 들기도 한다. 한국의 사정을 생각하면 쉽지 않은 시도이기 때문이다. 하지만 나기열 지사장은 에콰도르에 들어서는 순간부터 바로 이러한 문화적 차이들을 꾸준히 연구했다. 어떤 제도가 있고 어디까지 가능하며 그 속에서 무엇을 시도할 수 있는지 끊임없이 고민했기 때문에 이 모든 일을 성공으로 이끈 것이다. 실제로 에콰도르 방송사상 이렇게 기업의 이름을 단 프로그램이 만들어진 것은 거의 처음이다. 그는 외국인으로서 현지 법을 충실히 따르는 것은 물론 그 법을 활용하고 결국 새로운 법까지 만들어내는 일을 해낸 것이다. 척박한 환경이지만 반드시 해내리라는 그만의 뚝심이 없었다면 불가능했을 일이다.

물건을 팔기에 앞서 사람의 마음을 얻어라

실제로 나기열 지사장은 고교 시절 '뚝심과 정열'의 사나이로 통했다. 그의 동창들 중 한 사람은 한 인터넷 사이트에 이런 글을 쓰기도 했다.

학창 시절 대인시장에서 곱창에 막걸리를 먹으면서 '미래에 야망을 불태우겠다'고 말했던 나기열은 이제 그 말을 실천하고 있다.

이처럼 그만의 뚝심과 정열을 원동력으로 삼아 시작한 감성 마케팅은 여기서 끝나지 않았다. 물건을 팔기에 앞서 먼저 사람의 마음을 얻으라는 오래된 상법대로 나기열 지사장은 당장 하나의 물건을 팔기에 앞서 기업에 대한 사람들의 신뢰를 얻는 데 더 많은 공을 들였다. 그래서 시작한 것이 바로 빈민 구호 활동과 의료 봉사 활동이다.

당장 물건을 파는 것보다 기업에 대한 사람들의 신뢰를 얻는 것이 중요하다

　대도시를 조금만 벗어나면 절대 다수의 사람들이 하루의 끼니를 걱정하며 힘든 삶을 이어가고 있는 곳이 바로 에콰도르다. 그는 이들이 당장의 고객은 아니지만 기업이 받은 사랑은 반드시 사회로 환원해야 나중에 더 큰 사랑을 얻을 수 있다는 기본적인 원칙에 충실했다. 그리고 한 사람이 찾아가 물건 몇 개를 생색내듯 던져주고 오는 것은 진정한 봉사가 아니라고 생각했다. 그는 과감히 전 직원을 동원했다. 매 분기의 일요일 하루를 아예 봉사의 날로 정한 것이다. 다행히 직원들은 착실하게 따라주었고 이제는 직원들 스스로 나서서 준비물을 꾸릴 정도로 분위기가 정착됐다.

　또 나기열 지사장은 주변의 의료 기관들을 설득해 오지 마을을 찾

생색내기는 진정한 봉사가 아니다

아가는 날 그들을 이끌고 의료 봉사 활동에도 나섰다. 단순한 기업 마케팅 차원에서가 아니라 진실로 함께 마음을 나누고자 애쓰고 있는 것이다. 현재 에콰도르에서 이렇게 오지 마을을 직접 방문하고 마을 주민들과 하루를 보내며 마음을 나누는 기업은 LG전자가 유일하다.

언제든 무엇이든 책임지는 기업

다른 기업과 차별화된 LG전자만의 서비스는 바로 '무료 수리 서비스'다. 언젠가 나기열 지사장은 물건이 고장 나도 수리비가 없어 애프터서비스를 받지 못하는 에콰도르 사람들을 보았다. 이 일을 계기로 그는 매월 일정 기간을 정해 그 기간 동안만은 사람들에게 무료 수리를 해주기로 마음먹었다. 이렇게 에콰도르 전 지역을 돌며 무료 수리를 해주자 즉각 고객들의 반응이 나타나기 시작했다. 사람들이 LG전자를 두고 '언제든, 무엇이든 책임지는 기업'이라고 인식하기 시작한 것이다. 그는 이 경험을 통해 기업은 실로 소탐대실의 우를 범해서는 안 된다는 교훈을 얻었다. 작은 것을 과감히 버릴 줄 알아야 더 큰 것, 기업의 입장에서는 바로 고객의 사랑을 얻는다는 것을 깨달은 것이다.

나기열 지사장이 에콰도르에서 펼치는 또 하나의 마케팅 비법은 바로 원초적인 '페이스 투 페이스 face to face' 전략이다. 인터넷과 기타 통신망이 그다지 발달하지 못한 에콰도르에서는 누구와 이야기를 하려면 기껏해야 전화를 하거나 앉아서 사람을 기다리는 수밖에 없다. 물론 자신이 직접 찾아 나서면 이 문제는 간단히 해결된다. 하지만 에콰도르에 자리 잡은 대부분의 글로벌 기업들은 가만히 앉아서 사람이 찾아오기를 기다린다. 특히 '우리가 어떻게 직접 움직이나' 하는 권위적인 의식이 팽배한 곳일수록 사람이 오기를 기다릴 뿐 직접 움직이지 않는다.

나기열 지사장은 바로 이런 부분에서 일반의 인식을 완전히 바꿔놓았다. 실제로 그는 아침 출근 후 간단한 업무를 마치고 나서는 거의 대부분의 시간을 매장을 둘러보고 고객을 만나는 일로 보낸다. 앉아서 서류만 만져서는 현장을 알 수 없다는 지론 때문이다. 또 그는 특유의 부지런함으로 매번 수많은 매장을 돌며 판매 직원을 교육하고 독려하는 것으로도 유명하다. 그는 물건을 파는 '최전방의 사수'들이 바로 판매 직원들이라고 생각한다. 그들이 상품에 대해 얼마나 많은 지식을 가지고 있고 또 그것을 어떻게 전달하느냐에 따라 고객의 마음이 좌우된다는 것이다. 이러한 이유로 그는 직접 판매 직원을 만나 교육하고 매번 그 실천 내용을 확인하는 일을 마다하지 않는다.

에콰도르의 LG전자는 이렇게 성장에 성장을 거듭해왔다. 그저 상품이 좋아서, 인지도가 높아서 좋은 성과를 냈던 것은 아니다. 이 성공의 한쪽에는 거의 매일 고객들의 이야기를 듣고 '당신만이 할 수 있다'고 직원들을 격려한 수장이 있었기에 가능한 일이었다.

에콰도르인들의 가슴에 한국을 심다

나기열 지사장은 에콰도르의 열악한 통신 환경을 자신에게 유리한 방향으로 전환시키는 데도 빨랐다. 다른 사람들이 '인터넷이 안 돼서, 전화가 잘 안 돼서'라고 불만을 토로할 때 그는 그럴수록 '더 많은 사람을 직접 만날 수 있으니 좋은 일 아닌가'라고 생각했다. 그리고 실제로 사람들과 직접 대면하기를 즐겼다. 그 결과 웬만한 도소매 상인들을 모두 알게 됐고 '부지런한 사람, 부지런한 LG'라는 평을 듣게 됐다. 직접 만나 호흡을 맞추는 것만큼 좋은 기업 홍보는 없다는 것을 그는 몸으로 보여준 것이다.

이제 거의 모든 에콰도르인이 LG를 알고 있다

나기열 지사장이 에콰도르를 공략하며 세운 또 하나의 마케팅 신화
는 '끊임없는 이슈 만들기'였다. 앞서 〈LG 가라오케〉부터 쇼핑몰 앞
거리 노래자랑, 그리고 어려운 에콰도르 어린이를 돕기 위한 의료비
지원, 카드사들과의 직접 제휴를 통한 할인 제도 도입, 신제품 출시 때
마다 가진 대대적인 기자회견까지. 그는 에콰도르 사람들이 단 하루도
LG전자의 소식을 듣지 않는 날이 없도록 그렇게 매일 새로운 이슈들
을 만들어냈다. 이것은 어떤 매체의 광고보다 더 큰 효력을 발휘했다.
기업의 브랜드 인지도 역시 나날이 상승했다. 그 결과 지금은 에콰도
르의 거의 모든 사람이 LG전자의 이름을 알고 있다.

나기열 지사장이 이 모든 것을 이루는 데는 불과 2년밖에 걸리지 않

그의 아내는 회사가 지원하는 아픈 아이들을 위해 병원에서 봉사를 시작했다

았다. 이 짧은 시간 동안 그는 에콰도르 곳곳에 LG전자의 이름을 새겨 넣었다. 특히 시선이 가는 부분은 그의 아내 박은지의 의료 봉사 활동이다. 회사가 지원하는 아픈 아이들을 위해 그의 아내는 직접 병원으로 가 봉사를 시작했다. 유난히 눈물이 많은 그의 아내는 매번 돈이 없어 치료 시기를 놓친 아이들의 이야기를 그에게 전해준다. 그는 이 이야기를 듣고 또다시 사람들을 어떻게 도와야 할 것인가를 고민한다. 이 같은 그와 아내의 따뜻한 마음이 의도치 않게 '가족 같은 기업'의 이미지를 확산시키는 데 더 큰 역할을 했는지도 모른다.

어린 시절 주재원이었던 아버지를 따라 남미의 여러 나라를 다녀본 경험이 있는 그의 아내는 강행군이나 다름없는 업무와 긴 외유를 거듭하고 있는 그를 넉넉히 이해해주고 있는 가장 훌륭한 지원군이다.

기업은 어떤 곳일까. 사전적 의미로 보면 기업은 경제 활동을 통해 이익을 추구하는 집단이다. 그러나 오늘날의 기업은 단순히 집단만의 이익을 추구해서는 그 생명을 오래 이어갈 수 없다. 그동안 명멸해간 많은 기업들의 사례를 돌아보면 오로지 눈앞의 이익만을 위해 뛰었던 기업은 생명이 길지 못했다. 21세기는 실로 '가족 같은 기업'을 요구한다. 혼자만 살려는 것이 아니라 더불어 사는 삶을 중요시한다. 기업의 사회 환원 또한 생색내기에 그치는 것이 아니라 기업을 일으켜준 고객들과 대대손손 공생하며 더 나은 사회를 이룩하기 위한 씨앗이 되어야 한다.

이런 점에서 볼 때 나기열 지사장은 20세기적 순수함과 21세기적 글로벌 마인드를 모두 겸비한 사람임이 틀림없다. 발로 뛰고 직접 사람을 만나며 가슴으로 사람을 안으려는 자세가 20세기의 따뜻함이라면, 누구보다 더 멀리 보고 눈앞의 이익보다는 더 큰 신뢰를 욕심내는 마음은 가장 21세기적이기 때문이다. 두 세기를 가슴에 품은 그의 앞으로의 행보가 더욱 기대된다.

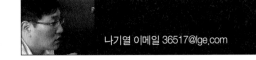
나기열 이메일 36517@lge.com

신영철

삼성중공업 오슬로 지점장

노르웨이를 제패한
60억 달러의 사나이

생각이 바뀌면 행동이 바뀌고 행동이 바뀌면

궁극적으로 인생까지도 바꿀 수 있다.

긍정적인 사고방식과 진정성 있는 자세로 일과 사람을 대하고

최선을 다하면 실패를 하더라도 값진 경험으로 남는다.

자신을 믿고 자신에게 도전의 기회를 주자.

꿈은 꾸는 자만이 이룰 수 있고,

기회는 준비된 자만이 가질 수 있다.

전 세계 해양 상선의 13퍼센트 이상을 보유하고 있는 바이킹의 나라 노르웨이는 내로라하는 전 세계 조선 국가들이 열띤 경쟁을 펼치고 있는 곳이다. 비록 세계 무역 규모 1퍼센트의 작은 수치를 기록하고 있지만 해양 운송에서만큼은 세계 1위를 고수하며 해양 강국의 면모를 과시하는 노르웨이. 이런 노르웨이의 선주사들이 발주 계획을 수립하는 단계부터 찾아와 선박 건조를 부탁하는 한국인이 있다. 그는 바로 삼성중공업 노르웨이 오슬로 지점의 신영철 지점장이다.

세계 수주량의 38퍼센트, 선박 건조량의 35퍼센트를 차지하며 세계 조선업 1위를 지키고 있는 한국. 하지만 최근 막대한 시설 투자로 선박 건조량을 늘리고 있는 중국이 국내 조선업계를 크게 위협하고 있어 신시장 개척이 필수적인 상황이다. 하지만 노르웨이는 환경 등에 대한 각종 규제가 유난히 까다로워 10년 전 이곳에 진출했던 일본 조선업계도 실패의 쓴맛을 보고 철수해야 했다. 그런데 이 어려운 상황 속에서 삼성중공업은 노르웨이라는 블루오션에 도전하기로 마음먹었다. 언제 일본처럼 실패의 아픔을 안고 물러나야 할지 모르는 위험한 도전이었지만 피하지 않기로 결심한 것이다. 그리고 이 결심이 훌륭한 열매를 맺기까지는 오슬로의 신영철 지점장의 공이 막대했다.

1996년 노르웨이에 진출한 삼성중공업은 2004년 신영철 지점장의 부임 이후 최첨단 선박인 드릴십과 표준 부유식 원유생산설비Generic FPSO, 극지 운항용 쇄빙 유조선을 수주하여 북유럽 선박 시장에 새로운 돌풍을 몰고 왔다. 특히 심해용 원유 시추 선박인 드릴십을 한 척당 평균 6억 달러를 받고 열두 척을 수주한 것은 거의 전설에 가까울 만큼 큰 업적으로 남아 있다. 이것은 2005~2007년도 북유럽에서 발주한 드릴십의 전량이며, 전 세계에서 발주한 드릴십 총 스물두 척 중 절반 이상을 차지하는 물량이기도 하다.

2004년 신영철 지점장이 노르웨이로 발령받던 당시 오슬로 지점의 연간 평균 수주액은 불과 2억 3,000만 달러였다. 그러던 것이 불과 2년 만에 42억 달러로 늘어난 것이다. 이는 순전히 신영철 지점장의 열성과 노력이 있었기에 가능한 일이었다. 더구나 이 분량은 삼성중공업 전체 수주의 33퍼센트를 차지하는 것으로, 북유럽 선박 산업의 전초 기지인 노르웨이뿐만 아니라 전 세계 조선업체 영업 지점들 중 수주액 1위를 자랑하는 대기록이다. 말 그대로 북유럽 선박 시장이 난데없는 거대한 지각 변동을 겪고 있는 것이다. 물론 그 진원지의 중심에는 삼성중공업의 신영철 지점장이 있다.

'윈윈'하는 프렌드십

그는 20년 넘는 세월 동안 오로지 삼성맨으로 살아왔다. 1984년 스물여섯 살의 젊은 신영철은 삼성에 첫발을 내디뎠다. 연수 후 삼성중공업으로 발령을 받은 그가 처음 한 일은 구매를 담당하는 것이었다. 약 7년간 철강 구매부터 기자재 구매까지 배를 만드는 데 필요한 온갖 자재들을 구매하고 관리하는 것이 그의 일이었다. 더구나 당시에는 선박 건조에 필요한 주요 자재들을 거의 모두 해외에서 수입하는 실정이었기 때문에 그는 새로운 계약 및 문제 해결을 위해 유럽 및 미국에 있는 메이커들과 텔렉스, 전화로 협상하느라 밤을 새우기 일쑤였다. 그가 일하는 사무실은 경남 거제도에 있었지만 해외 메이커들과의 협상 경험을 통해 국제 감각을 키웠다. 그러다 1992년, 신영철은 아예 영국 런던 지점으로 나가 본격적으로 구매 일을 담당하게 되었다. 마침 이때가 동구권이 무너지는 시기였기 때문에 이들 나라를 찾아다니면서 새로운 메이커를 개발하는 것 또한 그의 주 업무가 되었다.

이 당시 그의 고민은 하나, '어떻게 좋은 제품을 싼 가격에 얻을 것인가'였다. 그는 이 고민을 해결하기 위해 남들과는 다른 발품을 팔기 시작했다. 대부분의 사람들이 현재 관계를 맺고 있는 기업과 사람에 집중하는 데 비해 그는 선박에 필요한 자재 중 하나라도 싸고 좋은 제품이 있다는 소식을 들으면 천릿길을 마다하지 않고 찾아갔다. 그는 특히 신규 업체를 발굴하는 데 누구보다도 발이 빨랐다. 덕분에 그의 출장길은 언제나 길었지만 얻는 것 역시 점점 늘어갔다. 이 발품 덕에 좋은 자재를 알아보는 안목을 갖추게 되었을 뿐만 아니라 각국의 선진 기술들까지 파악하게 된 것이다.

신영철 지점장은 경쟁사들이 만드는 각종 LNG선, 여객선, 특수선들에 대한 정보도 빠르게 수집했다. 이러한 작업을 통해 그는 본사에 각 나라의 조선 정보를 알릴 수 있었고 협력 제휴까지 권유할 수 있게 되어 말 그대로 최전방의 창구 역할을 담당했다. 그에게 이 시기는 인생의 약이 된 매우 소중한 시간이다. 그는 1년 중 100일 이상을 런던 밖 다른 유럽 국가에서 보낼 만큼 많은 나라와 업체를 다니며 배를 제

빠른 정보 수집은 인생의 약이 된다

작하는 일과 물건을 사고파는 일에 대한 감각을 키웠다. 유럽의 선진
조선업계를 순회하며 많은 것을 배울 수 있었고 무엇보다 국제적인 마
인드로 관련 업체의 사람들을 만나 교제하는 방법을 터득했다. 이런
경험들이 신영철의 오늘을 일구는 데 가장 든든한 밑거름이 되었음은
물론이다.

특히 이 시기에 그는 외국인을 대하는 방법 하나를 터득했다. 그것
은 바로 '프렌드십'이다. 친구처럼 임의롭게 대하는 것이 아니라 자신
을 그대로 열어 보인다는 개념에서의 프렌드십이다. 보통의 한국 사람
들은 외국인을 만나면 부끄러워하고 자신을 잘 표현하지 못하는 경향
이 있는데 그는 오히려 자신의 모든 것을 다 보여주는 것으로 상대방

을 끌어들였다.

영업이나 협상 등을 앞두고 있는 시점에서 대부분의 사람들은 '상대방이 내게서 무엇을 가져갈 것인가' 경계하고 긴장하게 마련이다. 하지만 신영철은 '나는 당신에게서 무엇을 가져가려는 것이 아니다' 라는 인상을 주기 위해 노력했다. 그리고 물건을 사고팔기 전에 신영철 자신, 즉 신뢰를 파는 솔직함을 내보이는 데 더 많은 공을 들였다. 다시 말해 나의 이익만 생각하는 것이 아니라 상대방의 입장을 배려하고 공동의 이익을 추구하기 위해 애쓴 것이다. 그 결과 협상을 해야 하는 양측은 친구가 되었고, 서로가 서로를 모두 보여주는 친밀함으로 대화하며 더 좋은 관계를 만들 수 있었다.

이때 만들어 둔 씨앗 같은 친구들이 이후 그가 오슬로 지점장으로 돌아왔을 때 선주가 되어 영업과 협상에서 가장 든든한 동지로, 우군으로 등장한 것은 결코 우연이 아니다. 이 시기에 그는 '물건을 사고팔 때 가장 중요한 것은 신뢰감을 주는 것'이라는 사실을 새삼 다시 깨우쳤다. 그리고 상대방에게 상대와 내가 좋은 것을 함께 얻는 '윈윈win-win'의 이미지를 주는 것 또한 중요하다는 사실을 깨달았다.

세계 최초의 해양 펀드 프로젝트

이후 한국으로 다시 돌아온 그는 아예 미국과 유럽의 컨테이너선 영업을 담당하는 일을 맡았다. 자재 구매에서 보여준 그의 탁월한 협상 능력을 높이 산 회사가 그에게 더 큰 기대를 걸기 시작한 것이다. 그리고 2004년, 드디어 그는 노르웨이 오슬로의 지점장으로 발령받았다. 그가 오슬로에 첫발을 내딛던 당시 전 세계 조선 시황은 그리 나쁘지 않았으나 전반적으로 새로운 형태의 배를 요구하고 있는 추세였다. 더구나 9 · 11 테러 이후 석유 생산이 상당히 위축돼 있던 상황이었기 때문에 그는 앞으로 석유 생산과 관련된 배로 승부하는 것이 가능성 있겠다고 판단했다. 가능하면 가격도 비싸고 기술도 많이 얻을 수 있는 특수선을 만들자고 생각한 것이다. 일반 배의 생산은 이미 중국이 무서운 기세로 쫓아오고 있는 상황이었기 때문에 다른 나라에서 하지 않는 분야를 집중 공략하는 것이 중요했다. 이때부터 그는 북해 지역의 특수한 해양 설비 쪽을 겨냥하기 시작했다. 똑같은 모양과 기능으로 더 이상 승부를 낼 수 없다면 아예 새로운 시장을 개척해보자고 결심한 것이다. 그리고 이 '신영철 식의 다르게 생각하기'는 첫 번째 배를 수주하는 과정에서 빛나기 시작했다.

그가 한 첫 번째 계약은 놀랍게도 발주처가 없는 계약이었다. 석유를 시추하는 '반잠수식 드릴링리그'를 발주하는 큰 계약이었으나 이 계약은 사실상의 계약 당사자가 모호했다. 모든 영업이 그렇듯 선박 계약 역시 배를 사는 곳이 만드는 곳에게 '이러이러한 배를 만들어 달라' 요구하는 것으로 시작된다. 물론 반대로 '이런 기능의 배가 있으니 사라'고 말할 수도 있지만 어찌 되었든 모두 실체적인 계약의 당사자가 있게 마련이다. 하지만 신영철 지사장은 완전히 다른 방식으로 일을 추진했다. 이름하여 세계 최초의 '해양 펀딩 프로젝트'다.

서로가 서로를 모두 보여주는 대화는 더 좋은 관계를 만든다

　이는 쉽게 말해 배를 사용할 사람이 배를 주문하는 것이 아니라 투자 기관과 투자자들이 돈을 모아 '이런 배를 만들어줄 테니 사서 돈을 벌어라'라고 역으로 선박 회사를 설득하는 것이다. 이를 위해 그는 '삼성중공업의 배를 사는 회사'를 만들었다. 물론 이것은 투자 증권 회사인 퍼스트 시큐리티, 노르웨이에서 가장 큰 석유 회사의 CEO 출신 인사, 그리고 전문 중개인 등이 함께 하는 프로젝트였고 이들이 펀딩을 위해 투자자들을 모아 자금을 만든다는 계획이었다. 모든 준비가 끝나자 이 엄청나고도 기상천외한 프로젝트가 시작되었다. 이 프로젝트를 시작하면서 그는 본사에 보고서를 올렸다.
　"발주처의 실체는 아직 없습니다. 그러나 금융시장에는 돈이 많이 있습니다. 돈을 모아서 그 돈으로 배를 만들 것입니다. 최종 계약까지 난관과 위험은 많지만 수익은 다른 배들보다 더 많을 것입니다."

본사는 위험천만한 계약을 두고 고민에 빠졌다. 때마침 본사에서는 미국과의 계약 한 건이 실패하면서 위기감이 조성되고 있었고 결국 이 도박 같은 프로젝트에 '혹시' 하는 기대감을 갖게 되었다.

그의 집요한 설득에 드디어 본사에서 파견한 기술팀이 노르웨이로 건너왔고 2004년 12월, 4억 2,000만 달러의 가계약이 이루어졌다. 당시로는 비교적 높은 가격으로, 실제 계약까지 불확실한 만큼 더 높은 수익을 얻어야 한다는 협상의 결과로 얻어진 열매다. 이때부터 발주처와 삼성중공업은 한 배를 탄 파트너가 되어 유가 동향, 금융 동향에 대한 회의를 매일같이 열었다. 그리고 가계약 후 4개월이 경과한 2005년 3월 투자자들을 모으기 위한 로드쇼를 열어 이 기막힌 프로젝트를 본격적으로 알리기 시작했다.

그러나 로드쇼 후 투자자를 모집하던 2005년 3월 말, 블랙먼데이의 공포를 이기지 못하고 전 세계 주가는 폭락하기 시작했고 시장도 급속히 얼어붙었다. 실패였다. 첫 번째 시도에서는 투자자들을 충분히 모을 수 없었다. 이 실패의 가장 큰 요인은 최대 주주로 참여하겠다고 약속한 스메드빅이라는 회사의 소극적인 자세였다. 최대 주주인 스메드빅이 겨우 10퍼센트의 참여만을 결정했기 때문이다. 결국 이 소문은 눈 깜짝할 새에 퍼져나갔고 다른 투자자들까지 망설이게 만드는 요인으로 작용했다. 스메드빅의 입장은 강경했다. 10퍼센트 이상 참여는 위험이 너무 크다는 게 그 이유였다. 프로젝트를 이끌어오던 파트너들

다른 나라가 하지 않는 분야를 집중 공략할 필요가 있다

은 낙담하고 어찌할 바를 몰랐다. 이때 신영철 지점장은 특유의 긍정
적인 사고방식과 구매와 영업을 오가면서 터득한 국제적인 비즈니스
감각을 발휘하여 파트너들에게 용기를 북돋으며 과감히 스메드빅 사
장인 셀 야콥센을 설득하겠다고 자청했다. 10여 년 전 구매를 담당하
던 시절 사귀었던 씨앗 같은 친구 중 한 명이 아커 그룹의 중역이 되어
있었다. 신영철은 스메드빅을 설득하기 전에 아커 그룹의 투자를 얻는
것이 관건이라고 판단하고 이 친구를 설득하여 아커 그룹의 10퍼센트
지분 참여를 성공시킨 후 셀 야콥센 사장을 찾아갔다.

　"앞으로 유가가 오를 것이다. 석유 개발을 해야 하는데 과거 10년
동안은 사실 눈에 띄는 투자가 없었다. 먼저 투자를 해야 한다. 이제는

석유를 찾기 위해 더욱 다양한 시도를 할 것이다. 지분을 30퍼센트로만 올려주면 충분히 승산이 있다고 본다. 금융 증권 회사 펀드매니저들이 고객들의 투자를 끌어낼 것이다."

이 같은 설명에도 셀 야콥센은 묵묵부답이었다. 신영철 지점장은 승부수를 던졌다.

"당신들이 30퍼센트를 투자하지 않고 오로지 적은 위험만을 감수하겠다고 하면 결국 그 이익도 적어질 것이다. 하지만 앞으로 펼쳐질 석유 시장을 생각하면 그것은 손해이지 않은가. 유가는 오르고 석유를 개발할 수요도 많아지는데 지금 투자하지 않으면 언제 수익을 얻을 것인가. 그리고 이런 기회를 노르웨이 땅에서 노르웨이의 것으로 만들어야지 다른 나라에 주고 나면 국가적으로도 큰 손해가 아닌가. 우리 회사도 이 프로젝트를 절실히 원하지만 실패해도 잃는 것은 노르웨이만큼 크지 않다. 이것을 가지고 해양 사업을 펼치는 곳은 바로 이 노르웨이고 당신네 회사다. 당신의 선택이 국가에 이익을 주느냐 손해를 주느냐를 결정하게 된다."

그의 설득은 여기까지였다. 그리고 다음 날, 전화벨이 울렸다. 스메드빅에서 지분을 30퍼센트로 올리겠다고 결정한 것이다. 이 결정은 투자 시장에 곧바로 영향을 주었고 결국 예상의 세 배를 뛰어넘는 투자자가 몰리는 기적이 일어났다.

이때부터 신영철 지점장은 '석세스 보이success boy'로 불리기 시작했다. 그와 함께 일을 하면 성공 확률이 높고 안 되던 일도 된다는 인식이 사람들 사이에 생겼기 때문이다. 그가 시도한 펀딩을 통한 수주는 해양 프로젝트로는 전무후무한 일이다. 더구나 해양 강국이라고 하는 노르웨이에서조차 이런 종류의 계약과 펀딩은 상상조차 할 수 없는 일이었다. 이후 그는 유사한 종류의 계약을 몇 건 더 성사시켰으며 이로써 현재 노르웨이에는 삼성이 건조한다는 사실만으로도 투자를 결심하는 사람들이 생겨났을 정도다.

실제로 한 기업이 투자 설명회를 위해 마련한 어느 로드쇼에서 선주 회사의 사장이 사업 설명을 하고 있었다. "이런 배를 만드는 데 전체 투자비는 얼마이고 5년 내 투자비를 100퍼센트 회수할 수 있다." 그러자 한 사람이 질문을 했다. "좋다. 투자를 했는데 배를 만들다 돈이 더 들면 어떻게 할 것이냐?" 그러자 사장은 이렇게 대답했다. "배는 삼성중공업이 만든다." 이 말을 들은 투자자는 아무 말 없이 자리에 앉았다.

석세스 보이의 협상 법칙

현장에서의 이런 신뢰 덕분에 노르웨이에서 삼성중공업이 성사시키는 계약은 한 개 회사에 몇 척의 배를 팔 만큼 장기적이고 지속적이다. 현재 신영철 지점장은 대형 선박 회사인 스테나와 드릴십 세 척을 계약하고 네 번째 배를 계약하기 위해 이야기하고 있으며, 투자 전문 회사인 모스몰드와도 두 척을 계약하고 현재 또 두 척의 드릴십을 협상하고 있다. 또 넥서스에서도 2006년 6월과 2007년 6월에 척당

그가 영업하는 배들은 대부분 배 위에 정유 공장이 설치된 특수 배로, 차세대 기술 선박의 하나다

4,000억 원에 달하는 표준 부유식 원유 생산 설비를 각각 수주받는 등 누구도 해내지 못한 계약들을 성사시키며 성공 신화의 새로운 페이지를 장식하고 있다. 특히 그가 영업하는 배들은 대부분 특수 배로, 이 표준 부유식 원유 생산 설비는 심해의 유전 지역에서 원유를 끌어올려 배 위에 설치한 정유 공장에서 가공한 후 배 밑 부분의 거대한 탱크에 저장했다가 운반선으로 이송하는 선박이다. 차세대 기술 선박 중 하나라고 할 수 있다.

단순히 물건을 사고파는 일반 영업의 수준을 벗어나 한 차원 고양된 수준의 계약을 생각해낸 신영철 지점장은 영업자이기에 앞서 탁월한 협상가다. 그가 걸어온 길과 그가 세운 협상의 원칙이 바로 그의 협상가다운 면모를 증명하고 있다.

앞서도 말했듯이 그는 협상의 과정을 전형적인 윈윈의 과정으로 본다. 어느 한쪽이 손해를 보는 협상은 일과성으로 끝나는 비즈니스의 전형적인 모델로 결코 좋은 협상이 아니라는 것이다. 그래서 그는 늘 '어떻게 공동 이익을 창출하고 동반자로 같이 성공할 수 있는가'를 고민한다.

두 번째, 역설적이게도 그는 고객을 만날 때 자신이 삼성의 사람이라는 사실을 단 한 번도 떠올리지 않았다. 다시 말해 언제나 고객의 입장을 먼저 생각한 것이다. 그리고 그는 "당신은 도대체 어느 회사 사람이요?"라는 말을 들을 만큼 고객의 어려움과 부족함을 먼저 알고 채워주려 노력했다. 심지어 그는 스웨덴 최대의 선박 회사인 스테나의 덴올센 회장과 막역한 관계를 유지하며 언제나 그를 '나의 회장님'이라

긍정적인 사고와 실패를 두려워하지 않는 도전 정신만이 미래를 준비한다

고 부른다. 수년간 그를 가까이서 보아온 회장이 그를 스테나의 직원
으로 인정한 것이다. 신영철 지점장 역시 얕은 수로 고객의 귀를 즐겁
게 해주기 위해서가 아니라 '나는 당신의 직원과 다름없다' 라는 진정
성과 진실한 존경의 마음을 담아 그렇게 부른다. 충분히 자신을 높여
도 될 만큼 괄목할 만한 기록을 보유하고 있는 한국의 협상맨에게서
듣는 이런 존중과 존경의 호칭은 스테나의 회장에게도 진심으로 받아
들여지고 있다. 또한 신영철 지점장은 자신을 본사와 고객을 이어주는
접점이며 합집합이라고 여긴다. 고객의 요구를 모두 들어줄 수는 없어
도 이해해줄 수는 있기 때문이다.

세 번째, 그는 항상 긍정적으로 사고하고 실패를 두려워하지 않는 도전 정신으로 미래를 준비하여 언제나 본사가 홈런만을 칠 수 있도록 가장 좋은 조건과 상황을 만들기 위해 노력한다.

딱 한 발만 앞서 가자

2008년 1월 9일, 신영철 지점장은 고부가 선박 영업에서 독보적인 성과를 거둔 공적을 인정받아 '자랑스러운 삼성인상(공적상)'을 수상했다. 그동안 그가 세운 혁혁한 공로에 대한 포상이긴 하지만 삼성은 앞으로의 그의 행보에 더욱 기대를 걸고 있다.

2007년에도 신영철 지점장은 크루즈선 전 단계인 고급 여객선을 수주하는 등 고부가선 위주의 영업 전략을 전개해 삼성중공업이 고부가 가치선 시장 점유율 1위를 달성하는 데 큰 기여를 했다. 또한 수많은 해양 펀드를 성공적으로 이끌며 파이낸싱 프로젝트를 통한 독창적인 비즈니스 모델 창출로 세간의 이목을 집중시켰다. 이런 그가 앞으로 어떤 신화를 이루어낼지 모두가 주목하고 있는 것이다.

요즘 그는 유럽 조선업계가 독점적으로 건조하고 있는 연간 100억 달러 규모의 크루즈 시장을 마지막 승부처로 삼고 있다. 전 세계적으로 크루즈 수요가 늘어나면서 시장이 점점 확대되고 있기 때문이다. 덕분에 그는 삼성이 건조한 초호화 여객선급 카페리의 문제점과 보완점을 찾고 유럽 승객의 취향에 맞는 크루즈를 제작, 발주하기 위한 모니터 활동에 여념이 없다. 그리고 기회가 될 때마다 카페리 구석구석을 직접 돌아보며 '삼성중공업 표' 크루즈를 드넓은 바다에 띄울 그날을 그려본다.

자신의 경쟁력이 삼성중공업의 경쟁력이고, 곧 대한민국의 경쟁력이라는 신념을 가진 신영철 지점장은 늘 '딱 한 발만 앞서 가자'고 생각한다. 더도 덜도 말고 한 발자국만 앞서 가다 보면 어느 날 훨씬 더 많이 앞서 있음을 확인하게 될 것이라 믿는다. 그리고 '오늘의 일을 내일로 미루면 내일이 더 힘들어진다'는 평범한 진리를 가장 엄격히 지키려 노력한다.

60억 달러의 사나이, 석세스 보이, 최고의 협상가, 바다의 제왕. 그 어떤 수식어도 신영철 지점장의 잠재된 능력을 다 담을 수 없다. 꿈은 꾸는 자만이 이룰 수 있다는 신념으로 어떠한 시련이 와도 과감히 부딪히며 새 역사를 창조해온 신영철. 그가 말이 아닌 몸으로 보여준 성공의 한 걸음이 그것을 알게 한다.

신영철 이메일 youngchul.shin@samsung.com

지구촌한국인 젊은 그대

초판 1쇄 펴낸날 | 2008년 6월 30일
초판 3쇄 펴낸날 | 2012년 4월 25일

지은이 | KBS 1TV 지구촌 한국인 젊은 그대 제작팀
펴낸이 | 김직승
펴낸곳 | 책세상

주소 | 서울시 마포구 신수동 68-7 대영빌딩
전화 | 02-704-1251(영업부) 02-3273-1333(편집부)
팩스 | 02-719-1258
이메일 | bkworld11@gmail.com
홈페이지 | www.bkworld.co.kr
등록 1975. 5. 21 제1-517호

ISBN 978-89-7013-688-2 03040